主编　卓永强

渔业船员培训系列教材

渔船船舶管理

（船长、船副）

主　编　范少勇　苌占星
主　审　卜仁祥

大连海事大学出版社

图书在版编目(CIP)数据

渔船船舶管理 : 船长、船副 / 范少勇，苌占星主编
. — 大连 : 大连海事大学出版社，2018.3(2025.3 重印)
渔业船员培训系列教材 / 卓永强主编
ISBN 978-7-5632-3621-3

Ⅰ. ①渔… Ⅱ. ①范… ②苌… Ⅲ. ①渔船—船舶管理—技术培训—教材 Ⅳ. ①U674.4

中国版本图书馆 CIP 数据核字(2018)第 048902 号

大连海事大学出版社出版

地址:大连市黄浦路523号 邮编:116026 电话:0411-84729665(营销部) 84729480(总编室)

http://press.dlmu.edu.cn E-mail:dmupress@dlmu.edu.cn

大连永盛印业有限公司印装	大连海事大学出版社发行
2018 年 3 月第 1 版	2025 年 3 月第 5 次印刷
幅面尺寸:184 mm×260 mm	印张:9.75
字数:232 千	印数:6001~7500 册

出版人:刘明凯

责任编辑:杨玮璐	责任校对:王 琴
封面设计:解瑶瑶	版式设计:张爱妮

ISBN 978-7-5632-3621-3 定价:28.00 元

总　序

中国大陆海岸线长达18 000多千米，岛屿海岸线长达14 000多千米，管辖海域约为300万平方千米，属于海洋大国。中国海域蕴藏着丰富的资源，特别是海洋渔业资源，中国近海和外海鱼类最大持续渔获量约为735万吨。2016年我国渔业人口约为2016.96万人，其中传统渔民678.46万人，渔业从业人员1414.85万人。高素质的渔业船员队伍是实现渔业安全生产和渔业经济持续健康发展的重要基础。为适应海洋渔业资源开发形势的发展，规范全国渔业船员教育培训工作，推动《中华人民共和国渔业船员管理办法》实施，广东海洋大学组织在渔业船员培训领域有着丰富教学和培训经验的专家编写了此套"渔业船员培训系列教材"，并组织教学和实践经验丰富的航海类专业的教授、船长和轮机长对教材进行了审定，以提高培训质量，提高渔业船员的综合素质。

"渔业船员培训系列教材"的出版是渔业船员培训工作的一件大事，满足了广大渔业船员备考之需，对提高教学、培训质量和我国渔业船员整体素质具有积极作用，同时也对《中华人民共和国渔业船员管理办法》的实施起到了很好的推动作用。

在本套教材出版之际，我衷心希望广大渔业船员刻苦学习，认真实践，不断提高自己的文化和业务素质，为渔业生产安全和防止水域污染、保护海洋环境做出更大贡献。

在此，谨向参加教材编写工作的同志及为此付出过辛勤劳动的同志们表示衷心的感谢！同时希望大家继续为建设海洋强国而努力！

中国海洋学会理事长 张建增

2018年3月

内容提要

本书共分4章:第一章为渔业管理法律与法规,介绍了《中华人民共和国渔业法》《中华人民共和国渔港水域交通安全管理条例》等法律法规;第二章为渔船安全生产,介绍了渔船安全生产操作、渔业船员的职务职责、渔船应急预案及演练等;第三章为其他相关规定,介绍了休渔期制度、渔具、资源保护区管理等规定;第四章为周边渔业协定,介绍了与周边相关国家的渔业协定的内容。

本书为渔业船员适任考试培训教材,也可供渔业监督管理机构和渔业船员培训机构人员学习参考。

前　言

为提高渔业船员培训质量，根据农业部颁布的《中华人民共和国渔业船员管理办法》和《农业部办公厅关于印发渔业船员考试大纲的通知》的要求，广东海洋大学组织在渔业船员培训领域有着丰富教学和培训经验的专家编写了本套"渔业船员培训系列教材"，并组织教学和实践经验丰富的航海类专业的教授、船长和轮机长对教材进行了审定。

在编写教材前，编者对渔业船员现状进行了调研。在准确把握渔业船员应具备的业务素质的前提下，本套教材的编写以应知应会的知识技能为基础，注重理论与实际相结合，强调船员对相关法律法规的学习与掌握。

本套教材作为渔业船员适任考试培训教材，能够满足渔业船员适任考试培训的需要，为船员的业务学习提供帮助，从而提高渔业船员整体素质。本套教材还可供渔业监督管理机构和渔业船员培训机构人员学习参考，以促进渔业监督管理水平和考前培训质量的提高。

本套教材分高级船员驾驶专业、高级船员轮机专业、基本知识及安全技能3部分，共10种。其中，高级船员驾驶专业包括《航海与气象》《渔船船艺与操纵》《渔船避碰与值班》《渔船船舶管理》4种教材，适合船长、船副适任考试培训使用；高级船员轮机专业包括《渔船动力装置》《渔船辅机》《渔船电气》《渔船轮机管理》4种教材，适合轮机长、管轮适任考试培训使用；基本知识及安全技能包括《小型渔船机驾》和《渔船基本安全》2种教材。本套教材由卓永强教授担任总主编，范少勇副教授、船长和余培文博士担任副总主编。

《渔船船舶管理》由广东海洋大学范少勇、苌占星主编，其中：第一章由范少勇编写，第二章、第三章和第四章由苌占星编写。全书由范少勇统稿。

本书由大连海事大学卜仁祥博士、副教授主审。

本书的编写得到了渔政管理部门领导和专家的关心和指导，得到了相关管理部门和渔业公司的大力支持和帮助，在此一并表示衷心感谢！由于编者水平有限，书中难免存在错误和疏漏，希望广大读者和专家批评指正。

编　者

2017年11月

目　录

第一章　渔业管理法律与法规 …… 1
第一节　中华人民共和国渔业法 …… 1
第二节　中华人民共和国海上交通安全法 …… 5
第三节　中华人民共和国渔港水域交通安全管理条例 …… 9
第四节　中华人民共和国渔业船舶检验条例 …… 11
第五节　防治船舶污染海洋环境管理条例 …… 15
第六节　中华人民共和国水生野生动物保护实施条例 …… 23
第七节　中华人民共和国渔业船员管理办法 …… 27
第八节　中华人民共和国渔业船舶登记办法 …… 37
第九节　中华人民共和国渔业捕捞许可管理规定 …… 45
第十节　中华人民共和国船舶进出渔港签证办法 …… 53
第十一节　中华人民共和国渔业港航监督行政处罚规定 …… 55
第十二节　渔业船舶水上安全事故报告和调查处理规定 …… 60
本章思考题 …… 66
第二章　渔船安全生产 …… 67
第一节　渔船安全生产操作 …… 67
第二节　渔业船员的职务职责 …… 85
第三节　渔船应急预案及演练 …… 87
本章思考题 …… 96
第三章　其他相关规定 …… 97
第一节　休渔期制度 …… 97
第二节　禁渔期制度 …… 101
第三节　渔　具 …… 104
第四节　资源保护区管理 …… 120
本章思考题 …… 127
第四章　周边渔业协定 …… 128
第一节　中日渔业协定 …… 128
第二节　中韩渔业协定 …… 131
第三节　中越北部湾渔业协定 …… 136
第四节　其他渔业协定 …… 138
本章思考题 …… 139
附录　渔船船舶管理考试大纲 …… 140
参考文献 …… 142

第一章　渔业管理法律与法规

第一节　中华人民共和国渔业法

《中华人民共和国渔业法》旨在加强渔业资源的保护、增殖、开发和合理利用，发展人工养殖，保障渔业生产者的合法权益，促进渔业生产的发展，适应社会主义建设和人民生活的需要。

《中华人民共和国渔业法》于1986年1月20日第六届全国人民代表大会常务委员会第十四次会议通过，根据2000年10月31日第九届全国人民代表大会常务委员会第十八次会议《关于修改〈中华人民共和国渔业法〉的决定》，2004年8月28日第十届全国人民代表大会常务委员会第十一次会议《关于修改〈中华人民共和国渔业法〉的决定》修正，共6章50条，主要内容包括：养殖业、捕捞业、渔业资源的增殖和保护、法律责任。

一、适用范围

在中华人民共和国的内水、滩涂、领海、专属经济区以及中华人民共和国管辖的一切其他海域从事养殖和捕捞水生动物、水生植物等渔业生产活动，都必须遵守本法。

二、养殖业

1. 国家鼓励全民所有制单位、集体所有制单位和个人充分利用适于养殖的水域、滩涂，发展养殖业。

2. 国家对水域利用进行统一规划，确定可以用于养殖业的水域和滩涂。单位和个人使用国家规划确定用于养殖业的全民所有的水域、滩涂的，使用者应当向县级以上地方人民政府渔业行政主管部门提出申请，由本级人民政府核发养殖证，许可其使用该水域、滩涂从事养殖生产。核发养殖证的具体办法由国务院规定。集体所有的或者全民所有由农业集体经济组织使用的水域、滩涂，可以由个人或者集体承包，从事养殖生产。

3. 县级以上地方人民政府在核发养殖证时，应当优先安排当地的渔业生产者。

4. 当事人因使用国家规划确定用于养殖业的水域、滩涂从事养殖生产发生争议的，按照有关法律规定的程序处理。在争议解决以前，任何一方不得破坏养殖生产。

5. 国家建设征用集体所有的水域、滩涂，按照《中华人民共和国土地管理法》有关征地的规定办理。

6. 县级以上地方人民政府应当采取措施，加强对商品鱼生产基地和城市郊区重要养殖水域的保护。

7. 国家鼓励和支持水产优良品种的选育、培育和推广。水产新品种必须经全国水产原种和良种审定委员会审定，由国务院渔业行政主管部门公告后推广。水产苗种的进口、出口由国务院渔业行政主管部门或者省、自治区、直辖市人民政府渔业行政主管部门审批。水产苗种的生产由县级以上地方人民政府渔业行政主管部门审批。但是，渔业生产者自育、自用水产苗种的除外。

8. 水产苗种的进口、出口必须实施检疫，防止病害传入境内和传出境外，具体检疫工作按照有关动植物进出境检疫法律、行政法规的规定执行。引进转基因水产苗种必须进行安全性评价，具体管理工作按照国务院有关规定执行。

9. 县级以上人民政府渔业行政主管部门应当加强对养殖生产的技术指导和病害防治工作。

10. 从事养殖生产不得使用含有毒、有害物质的饵料、饲料。

11. 从事养殖生产应当保护水域生态环境，科学确定养殖密度，合理投饵、施肥、使用药物，不得造成水域的环境污染。

三、捕捞业

1. 国家在财政、信贷和税收等方面采取措施，鼓励、扶持远洋捕捞业的发展，并根据渔业资源的可捕捞量，安排内水和近海捕捞力量。

2. 国家根据捕捞量低于渔业资源增长量的原则，确定渔业资源的总可捕捞量，实行捕捞限额制度。国务院渔业行政主管部门负责组织渔业资源的调查和评估，为实行捕捞限额制度提供科学依据。中华人民共和国内海、领海、专属经济区和其他管辖海域的捕捞限额总量由国务院渔业行政主管部门确定，报国务院批准后逐级分解下达；国家确定的重要江河、湖泊的捕捞限额总量由有关省、自治区、直辖市人民政府确定或者协商确定，逐级分解下达。捕捞限额总量的分配应当体现公平、公正的原则，分配办法和分配结果必须向社会公开，并接受监督。国务院渔业行政主管部门和省、自治区、直辖市人民政府渔业行政主管部门应当加强对捕捞限额制度实施情况的监督检查，对超过上级下达的捕捞限额指标的，应当在其次年捕捞限额指标中予以核减。

3. 国家对捕捞业实行捕捞许可证制度。海洋大型拖网、围网作业以及到中华人民共和国与有关国家缔结的协定确定的共同管理的渔区或者公海从事捕捞作业的捕捞许可证，由国务院渔业行政主管部门批准发放。其他作业的捕捞许可证，由县级以上地方人民政府渔业行政主管部门批准发放；但是，批准发放海洋作业的捕捞许可证不得超过国家下达的船网工具控制指标，具体办法由省、自治区、直辖市人民政府规定。捕捞许可证不得买卖、出租和以其他形式转让，不得涂改、伪造、变造。到他国管辖海域从事捕捞作业的，应当经国务院渔业行政主管部门批准，并遵守中华人民共和国缔结的或者参加的有关条约、协定和有关国家的法律。

4. 具备下列条件的，方可发给捕捞许可证：

（1）有渔业船舶检验证书。

（2）有渔业船舶登记证书。

(3)符合国务院渔业行政主管部门规定的其他条件。县级以上地方人民政府渔业行政主管部门批准发放的捕捞许可证,应当与上级人民政府渔业行政主管部门下达的捕捞限额指标相适应。

5. 从事捕捞作业的单位和个人,必须按照捕捞许可证关于作业类型、场所、时限、渔具数量和捕捞限额的规定进行作业,并遵守国家有关保护渔业资源的规定,大中型渔船应当填写渔捞日志。

6. 制造、更新改造、购置、进口的从事捕捞作业的船舶必须经渔业船舶检验部门检验合格后,方可下水作业。具体管理办法由国务院规定。

7. 渔港建设应当遵守国家的统一规划,实行谁投资谁受益的原则。县级以上地方人民政府应当对位于本行政区域内的渔港加强监督管理,维护渔港的正常秩序。

四、渔业资源的增殖和保护

1. 县级以上人民政府渔业行政主管部门应当对其管理的渔业水域统一规划,采取措施,增殖渔业资源。县级以上人民政府渔业行政主管部门可以向受益的单位和个人征收渔业资源增殖保护费,专门用于增殖和保护渔业资源。渔业资源增殖保护费的征收办法由国务院渔业行政主管部门会同财政部门制定,报国务院批准后施行。

2. 国家保护水产种质资源及其生存环境,并在具有较高经济价值和遗传育种价值的水产种质资源的主要生长繁育区域建立水产种质资源保护区。未经国务院渔业行政主管部门批准,任何单位或者个人不得在水产种质资源保护区内从事捕捞活动。

3. 禁止使用炸鱼、毒鱼、电鱼等破坏渔业资源的方法进行捕捞。禁止制造、销售、使用禁用的渔具。禁止在禁渔区、禁渔期进行捕捞。禁止使用小于最小网目尺寸的网具进行捕捞。捕捞的渔获物中幼鱼不得超过规定的比例。在禁渔区或者禁渔期内禁止销售非法捕捞的渔获物。重点保护的渔业资源品种及其可捕捞标准,禁渔区和禁渔期,禁止使用或者限制使用的渔具和捕捞方法,最小网目尺寸以及其他保护渔业资源的措施,由国务院渔业行政主管部门或者省、自治区、直辖市人民政府渔业行政主管部门规定。

4. 禁止捕捞有重要经济价值的水生动物苗种。因养殖或者其他特殊需要,捕捞有重要经济价值的苗种或者禁捕的怀卵亲体的,必须经国务院渔业行政主管部门或者省、自治区、直辖市人民政府渔业行政主管部门批准,在指定的区域和时间内,按照限额捕捞。在水生动物苗种重点产区引水用水时,应当采取措施,保护苗种。

5. 在鱼、虾、蟹洄游通道建闸、筑坝,对渔业资源有严重影响的,建设单位应当建造过鱼设施或者采取其他补救措施。

6. 用于渔业并兼有调蓄、灌溉等功能的水体,有关主管部门应当确定渔业生产所需的最低水位线。

7. 禁止围湖造田。沿海滩涂未经县级以上人民政府批准,不得围垦;重要的苗种基地和养殖场所不得围垦。

8. 进行水下爆破、勘探、施工作业,对渔业资源有严重影响的,作业单位应当事先同有关县级以上人民政府渔业行政主管部门协商,采取措施,防止或者减少对渔业资源的损害;造成渔业资源损失的,由有关县级以上人民政府责令赔偿。

9. 各级人民政府应当采取措施，保护和改善渔业水域的生态环境，防治污染。渔业水域生态环境的监督管理和渔业污染事故的调查处理，依照《中华人民共和国海洋环境保护法》和《中华人民共和国水污染防治法》的有关规定执行。

10. 国家对白鳍豚等珍贵、濒危水生野生动物实行重点保护，防止其灭绝。禁止捕杀、伤害国家重点保护的水生野生动物。因科学研究、驯养繁殖、展览或者其他特殊情况，需要捕捞国家重点保护的水生野生动物的，依照《中华人民共和国野生动物保护法》的规定执行。

五、法律责任

1. 使用炸鱼、毒鱼、电鱼等破坏渔业资源方法进行捕捞的，违反关于禁渔区、禁渔期的规定进行捕捞的，或者使用禁用的渔具、捕捞方法和小于最小网目尺寸的网具进行捕捞或者渔获物中幼鱼超过规定比例的，没收渔获物和违法所得，处五万元以下的罚款；情节严重的，没收渔具，吊销捕捞许可证；情节特别严重的，可以没收渔船；构成犯罪的，依法追究刑事责任。在禁渔区或者禁渔期内销售非法捕捞的渔获物的，县级以上地方人民政府渔业行政主管部门应当及时进行调查处理。制造、销售禁用的渔具的，没收非法制造、销售的渔具和违法所得，并处一万元以下的罚款。

2. 偷捕、抢夺他人养殖的水产品的，或者破坏他人养殖水体、养殖设施的，责令改正，可以处二万元以下的罚款；造成他人损失的，依法承担赔偿责任；构成犯罪的，依法追究刑事责任。

3. 使用全民所有的水域、滩涂从事养殖生产，无正当理由使水域、滩涂荒芜满一年的，由发放养殖证的机关责令限期开发利用；逾期未开发利用的，吊销养殖证，可以并处一万元以下的罚款。未依法取得养殖证擅自在全民所有的水域从事养殖生产的，责令改正，补办养殖证或者限期拆除养殖设施。未依法取得养殖证或者超越养殖证许可范围在全民所有的水域从事养殖生产，妨碍航运、行洪的，责令限期拆除养殖设施，可以并处一万元以下的罚款。

4. 未依法取得捕捞许可证擅自进行捕捞的，没收渔获物和违法所得，并处十万元以下的罚款；情节严重的，并可以没收渔具和渔船。

5. 违反捕捞许可证关于作业类型、场所、时限和渔具数量的规定进行捕捞的，没收渔获物和违法所得，可以并处五万元以下的罚款；情节严重的，并可以没收渔具，吊销捕捞许可证。

6. 涂改、买卖、出租或者以其他形式转让捕捞许可证的，没收违法所得，吊销捕捞许可证，可以并处一万元以下的罚款；伪造、变造、买卖捕捞许可证，构成犯罪的，依法追究刑事责任。

7. 非法生产、进口、出口水产苗种的，没收苗种和违法所得，并处五万元以下的罚款。经营未经审定批准的水产苗种的，责令立即停止经营，没收违法所得，可以并处五万元以下的罚款。

8. 未经批准在水产种质资源保护区内从事捕捞活动的，责令立即停止捕捞，没收渔获物和渔具，可以并处一万元以下的罚款。

9. 外国人、外国渔船违反本法规定，擅自进入中华人民共和国管辖水域从事渔业生产和渔业资源调查活动的，责令其离开或者将其驱逐，可以没收渔获物、渔具，并处五十万元以下的罚款；情节严重的，可以没收渔船；构成犯罪的，依法追究刑事责任。

10. 造成渔业水域生态环境破坏或者渔业污染事故的，依照《中华人民共和国海洋环境保护法》和《中华人民共和国水污染防治法》的规定追究法律责任。

11. 本法规定的行政处罚，由县级以上人民政府渔业行政主管部门或者其所属的渔政监督管理机构决定。但是,本法已对处罚机关作出规定的除外。在海上执法时,对违反禁渔区、禁渔期的规定或者使用禁用的渔具、捕捞方法进行捕捞,以及未取得捕捞许可证进行捕捞的,事实清楚、证据充分,但是当场不能按照法定程序作出和执行行政处罚决定的,可以先暂时扣押捕捞许可证、渔具或者渔船,回港后依法作出和执行行政处罚决定。

12. 渔业行政主管部门和其所属的渔政监督管理机构及其工作人员违反本法规定核发许可证、分配捕捞限额或者从事渔业生产经营活动的,或者有其他玩忽职守不履行法定义务、滥用职权、徇私舞弊的行为的,依法给予行政处分;构成犯罪的,依法追究刑事责任。

第二节　中华人民共和国海上交通安全法

《中华人民共和国海上交通安全法》于 1983 年 9 月 2 日第六届全国人民代表大会常务委员会第二次会议通过,1984 年 1 月 1 日起实施;根据 2016 年 11 月 7 日第十二届全国人民代表大会常务委员会第 24 次会议《关于修改<中华人民共和国对外贸易法>等十二部法律的决定》修正,2021 年 4 月 29 日第十三届全国人民代表大会常务委员会第 28 次会议修订,共 10 章 122 条,自 2021 年 9 月 1 日起施行。主要内容节选如下:

一、适用范围

本法适用于在中华人民共和国管辖海域内从事航行、停泊、作业以及其他与海上交通安全相关的活动。

二、船舶、海上设施和船员

1. 中国籍船舶、在中华人民共和国管辖海域设置的海上设施、船运集装箱,以及国家海事管理机构确定的关系海上交通安全的重要船用设备、部件和材料,应当符合有关法律、行政法规、规章以及强制性标准和技术规范的要求,经船舶检验机构检验合格,取得相应证书、文书。证书、文书的清单由国家海事管理机构制定并公布。

2. 船舶依照有关船舶登记的法律、行政法规的规定向海事管理机构申请船舶国籍登记、取得国籍证书后,方可悬挂中华人民共和国国旗航行、停泊、作业。

3. 中国籍船舶所有人、经营人或者管理人应当建立并运行安全营运和防治船舶污染管理体系。海事管理机构经对前款规定的管理体系审核合格的,发给符合证明和相应的船舶安全管理证书。

4. 中国籍国际航行船舶的所有人、经营人或者管理人应当依照国务院交通运输主管部门的规定建立船舶保安制度,制定船舶保安计划,并按照船舶保安计划配备船舶保安设备,定期开展演练。

5. 中国籍船员和海上设施上的工作人员应当接受海上交通安全以及相应岗位的专业教育、培训。

……

三、海上交通条件和航行保障

1. 国务院交通运输主管部门统筹规划和管理海上交通资源，促进海上交通资源的合理开发和有效利用。

2. 海事管理机构根据海域的自然状况、海上交通状况以及海上交通安全管理的需要，划定、调整并及时公布船舶定线区、船舶报告区、交通管制区、禁航区、安全作业区和港外锚地等海上交通功能区域。

3. 建设海洋工程、海岸工程影响海上交通安全的，应当根据情况配备防止船舶碰撞的设施、设备并设置专用航标。

4. 国家建立完善船舶定位、导航、授时、通信和远程监测等海上交通支持服务系统，为船舶、海上设施提供信息服务。

……

四、航行、停泊、作业

1. 船舶航行、停泊、作业，应当持有有效的船舶国籍证书及其他法定证书、文书，配备依照有关规定出版的航海图书资料，悬挂相关国家、地区或者组织的旗帜，标明船名、船舶识别号、船籍港、载重线标志。

2. 船长应当在船舶开航前检查并在开航时确认船员适任、船舶适航、货物适载，并了解气象和海况信息以及海事管理机构发布的航行通告、航行警告及其他警示信息，落实相应的应急措施，不得冒险开航。

3. 船舶应当在其船舶检验证书载明的航区内航行、停泊、作业。

4. 船舶在航行中应当按照有关规定开启船舶的自动识别、航行数据记录、远程识别和跟踪、通信等与航行安全、保安、防治污染相关的装置，并持续进行显示和记录。

5. 船舶应当配备航海日志、轮机日志、无线电记录簿等航行记录，按照有关规定全面、真实、及时记录涉及海上交通安全的船舶操作以及船舶航行、停泊、作业中的重要事件，并妥善保管相关记录簿。

……

五、海上客货运输安全

1. 除进行抢险或者生命救助外，客船应当按照船舶检验证书核定的载客定额载运乘客，货船载运货物应当符合船舶检验证书核定的载重线和载货种类，不得载运乘客。

2. 客船载运乘客不得同时载运危险货物。

3. 客船应当在显著位置向乘客明示安全须知，设置安全标志和警示，并向乘客介绍救生用具的使用方法以及在紧急情况下应当采取的应急措施。乘客应当遵守安全乘船要求。

4. 海上渡口所在地的县级以上地方人民政府应当建立健全渡口安全管理责任制，制定海上渡口的安全管理办法，监督、指导海上渡口经营者落实安全主体责任，维护渡运秩序，保障渡运安全。

5. 船舶载运货物，应当按照有关法律、行政法规、规章以及强制性标准和技术规范的要求安全装卸、积载、隔离、系固和管理。

……

六、海上搜寻救助

1. 海上遇险人员依法享有获得生命救助的权利。生命救助优先于环境和财产救助。

2. 海上搜救工作应当坚持政府领导、统一指挥、属地为主、专群结合、就近快速的原则。

3. 国家建立海上搜救协调机制，统筹全国海上搜救应急反应工作，研究解决海上搜救工作中的重大问题，组织协调重大海上搜救应急行动。协调机制由国务院有关部门、单位和有关军事机关组成。

4. 沿海县级以上地方人民政府应当安排必要的海上搜救资金，保障搜救工作的正常开展。

5. 海上搜救中心各成员单位应当在海上搜救中心统一组织、协调、指挥下，根据各自职责，承担海上搜救应急、抢险救灾、支持保障、善后处理等工作。

……

七、海上交通事故调查处理

1. 船舶、海上设施发生海上交通事故，应当及时向海事管理机构报告，并接受调查。

2. 海上交通事故根据造成的损害后果分为特别重大事故、重大事故、较大事故和一般事故。

3. 特别重大海上交通事故由国务院或者国务院授权的部门组织事故调查组进行调查，海事管理机构应当参与或者配合开展调查工作。

4. 调查海上交通事故，应当全面、客观、公正、及时，依法查明事故事实和原因，认定事故责任。

5. 海事管理机构可以根据事故调查处理需要拆封、拆解当事船舶的航行数据记录装置或者读取其记录的信息，要求船舶驶向指定地点或者禁止其离港，扣留船舶或者海上设施的证书、文书、物品、资料等并妥善保管。有关人员应当配合事故调查。

……

八、监督管理

1. 海事管理机构对在中华人民共和国管辖海域内从事航行、停泊、作业以及其他与海上交通安全相关的活动，依法实施监督检查。

2. 海事管理机构实施监督检查可以采取登船检查、查验证书、现场检查、询问有关人员、电子监控等方式。

3. 海事管理机构对船舶、海上设施实施监督检查时，应当避免、减少对其正常作业的影响。

4. 船舶、海上设施对港口安全具有威胁的，海事管理机构应当责令立即或者限期改正、限制操作，责令驶往指定地点、禁止进港或者将其驱逐出港。

5. 外国籍船舶可能威胁中华人民共和国内水、领海安全的，海事管理机构有权责令其离开。

……

九、法律责任

1. 船舶、海上设施未持有有效的证书、文书的，由海事管理机构责令改正，对违法船舶或者海上设施的所有人、经营人或者管理人处三万元以上三十万元以下的罚款，对船长和有关责任人员处三千元以上三万元以下的罚款；情节严重的，暂扣船长、责任船员的船员适任证书十八个月至三十个月，直至吊销船员适任证书；对船舶持有的伪造、变造证书、文书，予以没收；对存在严重安全隐患的船舶，可以依法予以没收。

2. 船舶或者海上设施有下列情形之一的，由海事管理机构责令改正，对违法船舶或者海上设施的所有人、经营人或者管理人处二万元以上二十万元以下的罚款，对船长和有关责任人员处二千元以上二万元以下的罚款；情节严重的，吊销违法船舶所有人、经营人或者管理人的有关证书、文书，暂扣船长、责任船员的船员适任证书十二个月至二十四个月，直至吊销船员适任证书：

（1）船舶、海上设施的实际状况与持有的证书、文书不符；

（2）船舶未依法悬挂国旗，或者违法悬挂其他国家、地区或者组织的旗帜；

（3）船舶未按规定标明船名、船舶识别号、船籍港、载重线标志；

（4）船舶、海上设施的配员不符合最低安全配员要求。

……

十、附则

1. 本法部分用语的含义（略）。

2. 公务船、体育运动船、渔业船舶/船员、海上石油/天然气生产设施相关特殊规定和要求。

3. 国防交通舰船及设施的相关特殊要求，由中央军事委员会另行制定管理办法。

4. 外国籍公务船舶在中华人民共和国领海航行、停泊、作业，违反中华人民共和国法律、行政法规的，依照有关法律、行政法规的规定处理。在中华人民共和国管辖海域内的外国籍军用船舶的管理，适用有关法律的规定。

5. 中华人民共和国缔结或者参加的国际条约同本法有不同规定的，适用国际条约的规定，但中华人民共和国声明保留的条款除外。

第三节　中华人民共和国渔港水域交通安全管理条例

为保障渔港水域交通安全，根据《中华人民共和国海上交通安全法》制定本条例。本条例根据 2010 年 12 月 29 日国务院第 138 次常务会议通过的《国务院关于废止和修改部分行政法规的决定》修正，2011 年 1 月 8 日起施行，主要内容包括：

一、适用范围

本条例适用于在中华人民共和国沿海以渔业为主的渔港和渔港水域（以下简称“渔港”和“渔港水域”）航行、停泊、作业的船舶、设施和人员以及船舶、设施的所有者、经营者。

二、主管机关

中华人民共和国渔政渔港监督管理机关是对渔港水域交通安全实施监督管理的主管机关，并负责沿海水域渔业船舶之间交通事故的调查处理。

三、安全管理规定

1. 船舶进出渔港必须遵守渔港管理章程以及《1972 年国际海上避碰规则》，并依照规定办理签证，接受安全检查。

渔港内的船舶必须服从渔政渔港监督管理机关对水域交通安全秩序的管理。

2. 船舶在渔港内停泊、避风和装卸物资，不得损坏渔港的设施装备；造成损坏的应当向渔政渔港监督管理机关报告，并承担赔偿责任。

3. 船舶在渔港内装卸易燃、易爆、有毒等危险货物，必须遵守国家关于危险货物管理的规定，并事先向渔政渔港监督管理机关提出申请，经批准后在指定的安全地点装卸。

4. 在渔港内新建、改建、扩建各种设施，或者进行其他水上、水下施工作业，除依照国家规定履行审批手续外，应当报请渔政渔港监督管理机关批准。渔政渔港监督管理机关批准后，应当事先发布航行通告。

5. 在渔港内的航道、港池、锚地和停泊区，禁止从事有碍海上交通安全的捕捞、养殖等生产活动；确需从事捕捞、养殖等生产活动的，必须经渔政渔港监督管理机关批准。

6. 国家公务船舶在执行公务时进出渔港，经通报渔政渔港监督管理机关，可免于签证、检查。渔政渔港监督管理机关应当对执行海上巡视任务的国家公务船舶的靠岸、停泊和补给提供方便。

7. 渔业船舶在向渔政渔港监督管理机关申请船舶登记，并取得渔业船舶国籍证书或者渔业船舶登记证书后，方可悬挂中华人民共和国国旗航行。

8. 渔业船舶的船长、轮机长、驾驶员、轮机员、电机员、无线电报务员、话务员，必须经渔政渔港监督管理机关考核合格，取得职务证书，其他人员应当经过相应的专业训练。

9. 地方各级人民政府应当加强本行政区域内渔业船舶船员的技术培训工作。国营、集体所有的渔业船舶，其船员的技术培训由渔业船舶所属单位负责；个人所有的渔业船舶，其船员的技术培训由当地人民政府渔业行政主管部门负责。

10. 渔业船舶之间发生交通事故，应当向就近的渔政渔港监督管理机关报告，并在进入第一个港口四十八小时之内向渔政渔港监督管理机关递交事故报告书和有关材料，接受调查处理。

11. 渔政渔港监督管理机关对渔港水域内的交通事故和其他沿海水域渔业船舶之间的交通事故，应当及时查明原因，判明责任，作出处理决定。

12. 渔港内的船舶、设施有下列情形之一的，渔政渔港监督管理机关有权禁止其离港，或者令其停航、改航、停止作业：

(1)违反中华人民共和国法律、法规或者规章的；

(2)处于不适航或者不适拖状态的；

(3)发生交通事故、手续未清的；

(4)未向渔政渔港监督管理机关或者有关部门交付应当承担的费用，也未提供担保的；

(5)渔政渔港监督管理机关认为有其他妨害或者可能妨害海上交通安全的。

13. 渔港内的船舶、设施发生事故，对海上交通安全造成或者可能造成危害，渔政渔港监督管理机关有权对其采用强制性处置措施。

14. 船舶进出渔港依照规定应当到渔政渔港监督管理机关办理签证而未办理签证的，或者在渔港内不服从渔政渔港监督管理机关对水域交通安全秩序管理的，由渔政渔港监督管理机关责令改正，可以并处警告、罚款；情节严重的，扣留或者吊销船长职务证书（扣留职务证书时间最长不超过六个月，下同）。

15. 违反本条例规定，有下列行为之一的，由渔政渔港监督管理机关责令停止违法行为，可以并处警告、罚款；造成损失的，应当承担赔偿责任；对直接责任人员由其所在单位或者上级主管机关给予行政处分：

(1)未经渔政渔港监督管理机关批准或者未按照批准文件的规定，在渔港内装卸易燃、易爆、有毒等危险货物的；

(2)未经渔政渔港监督管理机关批准，在渔港内新建、改建、扩建各种设施或者进行其他水上、水下施工作业的；

(3)在渔港内的航道、港池、锚地和停泊区从事有碍海上交通安全的捕捞、养殖等生产活动的。

16. 违反本条例规定，未持有船舶证书或者未配齐船员的，由渔政渔港监督管理机关责令改正，可以并处罚款。

17. 违反本条例规定，不执行渔政渔港监督管理机关作出的离港、停航、改航、停止作业的决定，或者在执行中违反上述决定的，由渔政渔港监督管理机关责令改正，可以并处警告、罚款；情节严重的，扣留或者吊销船长职务证书。

18. 当事人对渔政渔港监督管理机关作出的行政处罚决定不服的，可以在接到处罚通知之日起十五日内向人民法院起诉；期满不起诉又不履行的，由渔政渔港监督管理机关申请人民法院强制执行。

19. 因渔港水域内发生的交通事故或者其他沿海水域发生的渔业船舶之间的交通事故引

起的民事纠纷,可以由渔政渔港监督管理机关调解处理;调解不成或者不愿意调解的,当事人可以向人民法院起诉。

20. 拒绝、阻碍渔政渔港监督管理工作人员依法执行公务,应当给予治安管理处罚的,由公安机关依照《中华人民共和国治安管理处罚法》有关规定处罚;构成犯罪的,由司法机关依法追究刑事责任。

四、相关用语含义

1. “渔港”是指主要为渔业生产服务和供渔业船舶停泊、避风、装卸渔获物和补充渔需物资的人工港口或者自然港湾。

2. “渔港水域”是指渔港的港池、锚地、避风湾和航道。

3. “渔业船舶”是指从事渔业生产的船舶以及属于水产系统为渔业生产服务的船舶,包括捕捞船、养殖船、水产运销船、冷藏加工船、油船、供应船、渔业指导船、科研调查船、教学实习船、渔港工程船、拖轮、交通船、驳船、渔政船和渔监船。

第四节　中华人民共和国渔业船舶检验条例

为了规范渔业船舶的检验,保证渔业船舶具备安全航行和作业的条件,保障渔业船舶和渔民生命财产的安全,防止污染环境,依照《中华人民共和国渔业法》制定本条例。经 2003 年 6 月 11 日国务院第 11 次常务会议通过,自 2003 年 8 月 1 日起施行。本条例共 7 章 40 条,主要包括初次检验、营运检验、临时检验、监督管理、法律责任等内容。

一、初次检验

1. 渔业船舶的初次检验,是指渔业船舶检验机构在渔业船舶投入营运前对其所实施的全面检验。

2. 下列渔业船舶的所有者或者经营者应当申报初次检验:

(1)制造的渔业船舶;

(2)改造的渔业船舶(包括非渔业船舶改为渔业船舶、国内作业的渔业船舶改为远洋作业的渔业船舶);

(3)进口的渔业船舶。

3. 制造、改造的渔业船舶,其设计图纸、技术文件应当经渔业船舶检验机构审查批准,并在开工制造、改造前申报初次检验。渔业船舶检验机构应当自收到设计图纸、技术文件之日起 20 个工作日内作出审查决定,并书面通知当事人。

设计、制造、改造渔业船舶的单位应当符合国家规定的条件,并遵守国家渔业船舶技术规则。

4. 制造、改造的渔业船舶的初次检验,应当与渔业船舶的制造、改造同时进行。

用于制造、改造渔业船舶的有关航行、作业和人身财产安全以及防止污染环境的重要设备、部件和材料，在使用前应当经渔业船舶检验机构检验，检验合格的方可使用。

前款规定必须检验的重要设备、部件和材料的目录，由国务院渔业行政主管部门制定。

5. 进口的渔业船舶，其设计图纸、技术文件应当经渔业船舶检验机构审查确认，并在投入营运前申报初次检验。进口旧渔业船舶，进口前还应当取得国家渔业船舶检验机构出具的旧渔业船舶技术评定证书。

6. 渔业船舶检验机构对检验合格的渔业船舶，应当自检验完毕之日起 5 个工作日内签发渔业船舶检验证书；经检验不合格的，应当书面通知当事人，并说明理由。

经检验合格的渔业船舶，任何单位和个人不得擅自改变其吨位、载重线、主机功率、人员定额和适航区域；不得擅自拆除其有关航行、作业和人身财产安全以及防止污染环境的重要设备、部件。确需改变或者拆除的，应当经原渔业船舶检验机构核准。

7. 进口的渔业船舶和远洋渔业船舶的初次检验，由国家渔业船舶检验机构统一组织实施。其他渔业船舶的初次检验，由船籍港渔业船舶检验机构负责实施；渔业船舶的制造地或者改造地与船籍港不一致的，初次检验由制造地或者改造地渔业船舶检验机构实施；该渔业船舶检验机构应当自检验完毕之日起 5 个工作日内，将检验报告、检验记录等技术资料移交船籍港渔业船舶检验机构。

二、营运检验

1. 渔业船舶的营运检验，是指渔业船舶检验机构对营运中的渔业船舶所实施的常规性检验。

2. 营运中的渔业船舶的所有者或者经营者应当按照国务院渔业行政主管部门规定的时间申报营运检验。

渔业船舶检验机构应当按照国务院渔业行政主管部门的规定，根据渔业船舶运行年限和安全要求对下列项目实施检验：

（1）渔业船舶的结构和机电设备；

（2）与渔业船舶安全有关的设备、部件；

（3）与防止污染环境有关的设备、部件；

（4）国务院渔业行政主管部门规定的其他检验项目。

3. 渔业船舶检验机构应当自申报营运检验的渔业船舶到达受检地之日起 3 个工作日内实施检验。经检验合格的，应当自检验完毕之日起 5 个工作日内在渔业船舶检验证书上签署意见或者签发渔业船舶检验证书；签发境外受检的远洋渔业船舶的检验证书，可以延长至 15 个工作日。经检验不合格的，应当书面通知当事人，并说明理由。

4. 渔业船舶经检验需要维修的，该船舶的所有者或者经营者应当选择符合国家规定条件的维修单位。维修渔业船舶应当遵守国家渔业船舶技术规则。

用于维修渔业船舶的有关航行、作业和人身财产安全以及防止污染环境的重要设备、部件和材料，在使用前应当经渔业船舶检验机构检验，检验合格的方可使用。

5. 营运中的渔业船舶需要更换有关航行、作业和人身财产安全以及防止污染环境的重要设备、部件和材料的，该船舶的所有者或者经营者应当遵守上述第 4 项的规定。

6. 远洋渔业船舶的营运检验，由国家渔业船舶检验机构统一组织实施。其他渔业船舶的营运检验,由船籍港渔业船舶检验机构负责实施;因故不能回船籍港进行营运检验的渔业船舶,由船籍港渔业船舶检验机构委托船舶的营运地或者维修地渔业船舶检验机构实施检验;实施检验的渔业船舶检验机构应当自检验完毕之日起 5 个工作日内将检验报告、检验记录等技术资料移交船籍港渔业船舶检验机构。

三、临时检验

1. 渔业船舶的临时检验,是指渔业船舶检验机构对营运中的渔业船舶出现特定情形时所实施的非常规性检验。

2. 有下列情形之一的渔业船舶,其所有者或者经营者应当申报临时检验:

(1)因检验证书失效而无法及时回船籍港的;

(2)因不符合水上交通安全或者环境保护法律、法规的有关要求被责令检验的;

(3)具有国务院渔业行政主管部门规定的其他特定情形的。

3. 渔业船舶检验机构应当自申报临时检验的渔业船舶到达受检地之日起 2 个工作日内实施检验。经检验合格的,应当自检验完毕之日起 3 个工作日内在渔业船舶检验证书上签署意见或者签发渔业船舶检验证书;经检验不合格的,应当书面通知当事人,并说明理由。

4. 渔业船舶临时检验的管辖权限划分,依照本条例第十八条关于营运检验管辖权限的规定执行。

四、监督管理

1. 有下列情形之一的渔业船舶,渔业船舶检验机构不得受理检验:

(1)设计图纸、技术文件未经渔业船舶检验机构审查批准或者确认的。

(2)违反本条例第八条第二款(设计、制造、改造渔业船舶的单位应当符合国家规定的条件,并遵守国家渔业船舶技术规则)和第九条第二款规定(用于制造、改造渔业船舶的有关航行、作业和人身财产安全以及防止污染环境的重要设备、部件和材料,在使用前应当经渔业船舶检验机构检验,检验合格的方可使用)制造、改造的。

(3)违反本条例第十六条(渔业船舶经检验需要维修的,该船舶的所有者或者经营者应当选择符合国家规定条件的维修单位。维修渔业船舶应当遵守国家渔业船舶技术规则。)、第十七条规定[营运中的渔业船舶需要更换有关航行、作业和人身财产安全以及防止污染环境的重要设备、部件和材料的,该船舶的所有者或者经营者应当遵守本条例第十六条第二款的规定(用于维修渔业船舶的有关航行、作业和人身财产安全以及防止污染环境的重要设备、部件和材料,在使用前应当经渔业船舶检验机构检验,检验合格的方可使用)。]维修的。

(4)按照国家有关规定应当报废的。

2. 从事渔业船舶检验的人员应当经国家渔业船舶检验机构考核合格后,方可从事相应的渔业船舶检验工作。

3. 渔业船舶检验机构及其检验人员应当严格遵守渔业船舶检验规则,实施现场检验,并对检验结论负责。

渔业船舶检验规则由国家渔业船舶检验机构制定,经国务院渔业行政主管部门批准后公布实施。

对具有新颖性的渔业船舶或者船用产品，国家尚未制定相应的检验规则的，可以适用国家渔业船舶检验机构认可的检验规则。

4. 当事人对地方渔业船舶检验机构的检验结论有异议的，可以按照国务院渔业行政主管部门的规定申请复验。

5. 渔业船舶的检验收费，按照国务院价格主管部门、财政部门规定的收费标准执行。

6. 渔业船舶的检验证书、检验记录、检验报告的式样和检验业务印章，由国家渔业船舶检验机构统一规定。

7. 渔业船舶检验人员依法履行职能时，有权对渔业船舶的检验证书和技术状况进行检查，有关单位和个人应当给予配合。

重大渔业船舶海损事故的调查处理，应当有渔业船舶检验机构的检验人员参加。

8. 有下列情形之一的渔业船舶，其所有者或者经营者应当在渔业船舶报废、改籍、改造之日前 7 个工作日内或者自渔业船舶灭失之日起 20 个工作日内，向渔业船舶检验机构申请注销其渔业船舶检验证书；逾期不申请的，渔业船舶检验证书自渔业船舶改籍、改造完毕之日起或者渔业船舶报废、灭失之日起失效，并由渔业船舶检验机构注销渔业船舶检验证书：

（1）按照国家有关规定报废的；

（2）中国籍改为外国籍的；

（3）渔业船舶改为非渔业船舶的；

（4）因沉没等原因灭失的。

五、法律责任

1. 违反本条例规定，渔业船舶未经检验、未取得渔业船舶检验证书擅自下水作业的，没收该渔业船舶。

按照规定应当报废的渔业船舶继续作业的，责令立即停止作业，收缴失效的渔业船舶检验证书，强制拆解应当报废的渔业船舶，并处 2 000 元以上 5 万元以下的罚款；构成犯罪的，依法追究刑事责任。

2. 违反本条例规定，渔业船舶应当申报营运检验或者临时检验而不申报的，责令立即停止作业，限期申报检验；逾期仍不申报检验的，处 1 000 元以上 1 万元以下的罚款，并可以暂扣渔业船舶检验证书。

3. 违反本条例规定，有下列行为之一的，责令立即改正，处 2 000 元以上 2 万元以下的罚款；正在作业的，责令立即停止作业；拒不改正或者拒不停止作业的，强制拆除非法使用的重要设备、部件和材料或者暂扣渔业船舶检验证书；构成犯罪的，依法追究刑事责任：

（1）使用未经检验合格的有关航行、作业和人身财产安全以及防止污染环境的重要设备、部件和材料，制造、改造、维修渔业船舶的；

（2）擅自拆除渔业船舶上有关航行、作业和人身财产安全以及防止污染环境的重要设备、部件的；

（3）擅自改变渔业船舶的吨位、载重线、主机功率、人员定额和适航区域的。

4. 渔业船舶检验机构的工作人员未经考核合格从事渔业船舶检验工作的，责令其立即停止检验工作，处 1 000 元以上 5 000 元以下的罚款。

5. 违反本条例规定，有下列情形之一的，责令立即改正，对直接负责的主管人员和其他直接责任人员，依法给予降级、撤职、取消检验资格的处分；构成犯罪的，依法追究刑事责任；已签发的渔业船舶检验证书无效：

（1）未按照国务院渔业行政主管部门的有关规定实施检验的；

（2）所签发的渔业船舶检验证书或者检验记录、检验报告与渔业船舶实际情况不相符的；

（3）超越规定的权限进行渔业船舶检验的。

6. 伪造、变造渔业船舶检验证书、检验记录和检验报告，或者私刻渔业船舶检验业务印章的，应当予以没收；构成犯罪的，依法追究刑事责任。

7. 本条例规定的行政处罚，由县级以上人民政府渔业行政主管部门或者其所属的渔业行政执法机构依据职权决定。

六、附则

外国籍渔业船舶，其船旗国委托中华人民共和国检验的，依照本条例的规定执行。

第五节　防治船舶污染海洋环境管理条例

为了防治船舶及其有关作业活动污染海洋环境，根据《中华人民共和国海洋环境保护法》制定本条例。该条例经 2009 年 9 月 2 日国务院第 79 次常务会议通过，自 2010 年 3 月 1 日起施行，共 9 章 77 条，主要内容包括：

一、主管机关

国务院交通运输主管部门主管所辖港区水域内非军事船舶和港区水域外非渔业、非军事船舶污染海洋环境的防治工作。

海事管理机构依照本条例规定具体负责防治船舶及其有关作业活动污染海洋环境的监督管理。

二、防治船舶及其有关作业活动污染海洋环境的一般规定

1. 船舶的结构、设备、器材应当符合国家有关防治船舶污染海洋环境的技术规范以及中华人民共和国缔结或者参加的国际条约的要求。

船舶应当依照法律、行政法规、国务院交通运输主管部门的规定以及中华人民共和国缔结或者参加的国际条约的要求，取得并随船携带相应的防治船舶污染海洋环境的证书、文书。

2. 中国籍船舶的所有人、经营人或者管理人应当按照国务院交通运输主管部门的规定，建立健全安全营运和防治船舶污染管理体系。

海事管理机构应当对安全营运和防治船舶污染管理体系进行审核，审核合格的，发给符合证明和相应的船舶安全管理证书。

3. 港口、码头、装卸站以及从事船舶修造的单位应当配备与其装卸货物种类和吞吐能力或者修造船舶能力相适应的污染监视设施和污染物接收设施，并使其处于良好状态。

4. 港口、码头、装卸站以及从事船舶修造、打捞、拆解等作业活动的单位应当制定有关安全营运和防治污染的管理制度，按照国家有关防治船舶及其有关作业活动污染海洋环境的规范和标准，配备相应的防治污染设备和器材，并通过海事管理机构的专项验收。

港口、码头、装卸站以及从事船舶修造、打捞、拆解等作业活动的单位，应当定期检查、维护配备的防治污染设备和器材，确保防治污染设备和器材符合防治船舶及其有关作业活动污染海洋环境的要求。

5. 船舶所有人、经营人或者管理人以及有关作业单位应当制定防治船舶及其有关作业活动污染海洋环境的应急预案，并报海事管理机构批准。

港口、码头、装卸站的经营人应当制定防治船舶及其有关作业活动污染海洋环境的应急预案，并报海事管理机构备案。

船舶、港口、码头、装卸站以及其他有关作业单位应当按照应急预案，定期组织演练，并做好相应记录。

三、船舶污染物的排放和接收

1. 船舶在中华人民共和国管辖海域向海洋排放的船舶垃圾、生活污水、含油污水、含有毒有害物质污水、废气等污染物以及压载水，应当符合法律、行政法规、中华人民共和国缔结或者参加的国际条约以及相关标准的要求。

船舶应当将不符合前款规定的排放要求的污染物排入港口接收设施或者由船舶污染物接收单位接收。

船舶不得向依法划定的海洋自然保护区、海滨风景名胜区、重要渔业水域以及其他需要特别保护的海域排放船舶污染物。

2. 船舶处置污染物，应当在相应的记录簿内如实记录。

船舶应当将使用完毕的船舶垃圾记录簿在船舶上保留 2 年；将使用完毕的含油污水、含有毒有害物质污水记录簿在船舶上保留 3 年。

3. 船舶污染物接收单位从事船舶垃圾、残油、含油污水、含有毒有害物质污水接收作业，应当编制作业方案，遵守相关操作规程，并采取必要的防污染措施。船舶污染物接收单位应当将船舶污染物接收情况按照规定向海事管理机构报告。

4. 船舶污染物接收单位接收船舶污染物，应当向船舶出具污染物接收单证，经双方签字确认并留存至少 2 年。污染物接收单证应当注明作业双方名称，作业开始和结束的时间、地点，以及污染物种类、数量等内容。船舶应当将污染物接收单证保存在相应的记录簿中。

5. 船舶污染物接收单位应当按照国家有关污染物处理的规定处理接收的船舶污染物，并每月将船舶污染物的接收和处理情况报海事管理机构备案。

四、船舶有关作业活动的污染防治

1. 从事船舶清舱、洗舱、油料供受、装卸、过驳、修造、打捞、拆解，污染危害性货物装箱、充罐，污染清除作业以及利用船舶进行水上水下施工等作业活动的，应当遵守相关操作规程，并采取必要的安全和防治污染的措施。

从事前款规定的作业活动的人员，应当具备相关安全和防治污染的专业知识和技能。

2. 船舶不符合污染危害性货物适载要求的，不得载运污染危害性货物，码头、装卸站不得为其进行装载作业。

污染危害性货物的名录由国家海事管理机构公布。

3. 载运污染危害性货物进出港口的船舶，其承运人、货物所有人或者代理人，应当向海事管理机构提出申请，经批准方可进出港口或者过境停留。

4. 载运污染危害性货物的船舶，应当在海事管理机构公布的具有相应安全装卸和污染物处理能力的码头、装卸站进行装卸作业。

5. 货物所有人或者代理人交付船舶载运污染危害性货物，应当确保货物的包装与标志等符合有关安全和防治污染的规定，并在运输单证上准确注明货物的技术名称、编号、类别（性质）、数量、注意事项和应急措施等内容。

货物所有人或者代理人交付船舶载运污染危害性不明的货物，应当由国家海事管理机构认定的评估机构进行危害性评估，明确货物的危害性质以及有关安全和防治污染要求，方可交付船舶载运。

6. 海事管理机构认为交付船舶载运的污染危害性货物应当申报而未申报，或者申报的内容不符合实际情况的，可以按照国务院交通运输主管部门的规定采取开箱等方式查验。

海事管理机构查验污染危害性货物，货物所有人或者代理人应当到场，并负责搬移货物，开拆和重封货物的包装。海事管理机构认为必要的，可以径行查验、复验或者提取货样，有关单位和个人应当配合。

7. 进行散装液体污染危害性货物过驳作业的船舶，其承运人、货物所有人或者代理人应当向海事管理机构提出申请，告知作业地点，并附送过驳作业方案、作业程序、防治污染措施等材料。

海事管理机构应当自受理申请之日起 2 个工作日内作出许可或者不予许可的决定。2 个工作日内无法作出决定的，经海事管理机构负责人批准，可以延长 5 个工作日。

8. 依法获得船舶油料供受作业资质的单位，应当向海事管理机构备案。海事管理机构应当对船舶油料供受作业进行监督检查，发现不符合安全和防治污染要求的，应当予以制止。

9. 船舶燃油供给单位应当如实填写燃油供受单证，并向船舶提供船舶燃油供受单证和燃油样品。

船舶和船舶燃油供给单位应当将燃油供受单证保存 3 年，并将燃油样品妥善保存 1 年。

10. 船舶修造、水上拆解的地点应当符合环境功能区划和海洋功能区划。

11. 从事船舶拆解的单位在船舶拆解作业前，应当对船舶上的残余物和废弃物进行处置，将油舱（柜）中的存油驳出，进行船舶清舱、洗舱、测爆等工作。

从事船舶拆解的单位应当及时清理船舶拆解现场，并按照国家有关规定处理船舶拆解产生的污染物。

禁止采取冲滩方式进行船舶拆解作业。

12. 禁止船舶经过中华人民共和国内水、领海转移危险废物。

经过中华人民共和国管辖的其他海域转移危险废物的，应当事先取得国务院环境保护主管部门的书面同意，并按照海事管理机构指定的航线航行，定时报告船舶所处的位置。

13. 船舶向海洋倾倒废弃物,应当如实记录倾倒情况。返港后,应当向驶出港所在地的海事管理机构提交书面报告。

船舶向海洋倾倒废弃物,应当如实记录倾倒情况。返港后,应当向驶出港所在地的海事管理机构提交书面报告。

14. 载运散装液体污染危害性货物的船舶和 1 万总吨以上的其他船舶,其经营人应当在作业前或者进出港口前与取得污染清除作业资质的单位签订污染清除作业协议,明确双方在发生船舶污染事故后污染清除的权利和义务。

与船舶经营人签订污染清除作业协议的污染清除作业单位应当在发生船舶污染事故后,按照污染清除作业协议及时进行污染清除作业。

五、船舶污染事故应急处置

1. 本条例所称船舶污染事故,是指船舶及其有关作业活动发生油类、油性混合物和其他有毒有害物质泄漏造成的海洋环境污染事故。

2. 船舶污染事故分为以下等级:

(1)特别重大船舶污染事故,是指船舶溢油 1 000 吨以上,或者造成直接经济损失 2 亿元以上的船舶污染事故;

(2)重大船舶污染事故,是指船舶溢油 500 吨以上不足 1 000 吨,或者造成直接经济损失 1 亿元以上不足 2 亿元的船舶污染事故;

(3)较大船舶污染事故,是指船舶溢油 100 吨以上不足 500 吨,或者造成直接经济损失 5 000 万元以上不足 1 亿元的船舶污染事故;

(4)一般船舶污染事故,是指船舶溢油不足 100 吨,或者造成直接经济损失不足 5 000 万元的船舶污染事故。

3. 船舶在中华人民共和国管辖海域发生污染事故,或者在中华人民共和国管辖海域外发生污染事故造成或者可能造成中华人民共和国管辖海域污染的,应当立即启动相应的应急预案,采取措施控制和消除污染,并就近向有关海事管理机构报告。

发现船舶及其有关作业活动可能对海洋环境造成污染的,船舶、码头、装卸站应当立即采取相应的应急处置措施,并就近向有关海事管理机构报告。

接到报告的海事管理机构应当立即核实有关情况,并向上级海事管理机构或者国务院交通运输主管部门报告,同时报告有关沿海设区的市级以上地方人民政府。

4. 船舶污染事故报告应当包括下列内容:

(1)船舶的名称、国籍、呼号或者编号;

(2)船舶所有人、经营人或者管理人的名称、地址;

(3)发生事故的时间、地点以及相关气象和水文情况;

(4)事故原因或者事故原因的初步判断;

(5)船舶上污染物的种类、数量、装载位置等概况;

(6)污染程度;

(7)已经采取或者准备采取的污染控制、清除措施和污染控制情况以及救助要求;

(8)国务院交通运输主管部门规定应当报告的其他事项。

作出船舶污染事故报告后出现新情况的，船舶、有关单位应当及时补报。

5. 发生特别重大船舶污染事故，国务院或者国务院授权国务院交通运输主管部门成立事故应急指挥机构。

发生重大船舶污染事故，有关省、自治区、直辖市人民政府应当会同海事管理机构成立事故应急指挥机构。

发生较大船舶污染事故和一般船舶污染事故，有关设区的市级人民政府应当会同海事管理机构成立事故应急指挥机构。

有关部门、单位应当在事故应急指挥机构统一组织和指挥下，按照应急预案的分工，开展相应的应急处置工作。

6. 船舶发生事故有沉没危险，船员离船前，应当尽可能关闭所有货舱（柜）、油舱（柜）管系的阀门，堵塞货舱（柜）、油舱（柜）通气孔。

船舶沉没的，船舶所有人、经营人或者管理人应当及时向海事管理机构报告船舶燃油、污染危害性货物以及其他污染物的性质、数量、种类、装载位置等情况，并及时采取措施予以清除。

7. 发生船舶污染事故或者船舶沉没，可能造成中华人民共和国管辖海域污染的，有关沿海设区的市级以上地方人民政府、海事管理机构根据应急处置的需要，可以征用有关单位或者个人的船舶和防治污染设施、设备、器材以及其他物资，有关单位和个人应当予以配合。

被征用的船舶和防治污染设施、设备、器材以及其他物资使用完毕或者应急处置工作结束，应当及时返还。船舶和防治污染设施、设备、器材以及其他物资被征用或者征用后毁损、灭失的，应当给予补偿。

8. 发生船舶污染事故，海事管理机构可以采取清除、打捞、拖航、引航、过驳等必要措施，减轻污染损害。相关费用由造成海洋环境污染的船舶、有关作业单位承担。

需要承担前款规定费用的船舶，应当在开航前缴清相关费用或者提供相应的财务担保。

9. 处置船舶污染事故使用的消油剂，应当符合国家有关标准。

六、船舶污染事故调查处理

1. 船舶污染事故的调查处理依照下列规定进行：

（1）特别重大船舶污染事故由国务院或者国务院授权国务院交通运输主管部门等部门组织事故调查处理；

（2）重大船舶污染事故由国家海事管理机构组织事故调查处理；

（3）较大船舶污染事故和一般船舶污染事故由事故发生地的海事管理机构组织事故调查处理。

船舶污染事故给渔业造成损害的，应当吸收渔业主管部门参与调查处理；给军事港口水域造成损害的，应当吸收军队有关主管部门参与调查处理。

2. 发生船舶污染事故，组织事故调查处理的机关或者海事管理机构应当及时、客观、公正地开展事故调查，勘验事故现场，检查相关船舶，询问相关人员，收集证据，查明事故原因。

3. 组织事故调查处理的机关或者海事管理机构根据事故调查处理的需要，可以暂扣相应的证书、文书、资料；必要时，可以禁止船舶驶离港口或者责令停航、改航、停止作业直至暂扣船舶。

4. 事故调查处理需要委托有关机构进行技术鉴定或者检验、检测的，应当委托国务院交通运输主管部门认定的机构进行。

5. 组织事故调查处理的机关或者海事管理机构开展事故调查时，船舶污染事故的当事人和其他有关人员应当如实反映情况和提供资料，不得伪造、隐匿、毁灭证据或者以其他方式妨碍调查取证。

6. 组织事故调查处理的机关或者海事管理机构应当自事故调查结束之日起 20 个工作日内制作事故认定书，并送达当事人。

事故认定书应当载明事故基本情况、事故原因和事故责任。

七、船舶污染事故损害赔偿

1. 造成海洋环境污染损害的责任者，应当排除危害，并赔偿损失；完全由于第三者的故意或者过失，造成海洋环境污染损害的，由第三者排除危害，并承担赔偿责任。

2. 完全属于下列情形之一，经过及时采取合理措施，仍然不能避免对海洋环境造成污染损害的，免予承担责任：

(1)战争；

(2)不可抗拒的自然灾害；

(3)负责灯塔或者其他助航设备的主管部门，在执行职责时的疏忽，或者其他过失行为。

3. 船舶污染事故的赔偿限额依照《中华人民共和国海商法》关于海事赔偿责任限制的规定执行。但是，船舶载运的散装持久性油类物质造成中华人民共和国管辖海域污染的，赔偿限额依照中华人民共和国缔结或者参加的有关国际条约的规定执行。

前款所称持久性油类物质，是指任何持久性烃类矿物油。

4. 在中华人民共和国管辖海域内航行的船舶，其所有人应当按照国务院交通运输主管部门的规定，投保船舶油污损害民事责任保险或者取得相应的财务担保。但是，1 000 总吨以下载运非油类物质的船舶除外。

船舶所有人投保船舶油污损害民事责任保险或者取得的财务担保的额度应当不低于《中华人民共和国海商法》、中华人民共和国缔结或者参加的有关国际条约规定的油污赔偿限额。

承担船舶油污损害民事责任保险的商业性保险机构和互助性保险机构，由国家海事管理机构征求国务院保险监督管理机构意见后确定并公布。

5. 已依照本规定投保船舶油污损害民事责任保险或者取得财务担保的中国籍船舶，其所有人应当持船舶国籍证书、船舶油污损害民事责任保险合同或者财务担保证明，向船籍港的海事管理机构申请办理船舶油污损害民事责任保险证书或者财务保证证书。

6. 发生船舶油污事故，国家组织有关单位进行应急处置、清除污染所发生的必要费用，应当在船舶油污损害赔偿中优先受偿。

7. 在中华人民共和国管辖水域接收海上运输的持久性油类物质货物的货物所有人或者代理人应当缴纳船舶油污损害赔偿基金。

船舶油污损害赔偿基金征收、使用和管理的具体办法由国务院财政部门会同国务院交通运输主管部门制定。

国家设立船舶油污损害赔偿基金管理委员会，负责处理船舶油污损害赔偿基金的赔偿等事务。船舶油污损害赔偿基金管理委员会由有关行政机关和缴纳船舶油污损害赔偿基金的主要货主组成。

8. 对船舶污染事故损害赔偿的争议，当事人可以请求海事管理机构调解，也可以向仲裁机构申请仲裁或者向人民法院提起民事诉讼。

八、法律责任

1. 船舶、有关作业单位违反本条例规定的，海事管理机构应当责令改正；拒不改正的，海事管理机构可以责令停止作业、强制卸载，禁止船舶进出港口、靠泊、过境停留，或者责令停航、改航、离境、驶向指定地点。

2. 违反本条例的规定，船舶的结构不符合国家有关防治船舶污染海洋环境的技术规范或者有关国际条约要求的，由海事管理机构处 10 万元以上 30 万元以下的罚款。

3. 违反本条例的规定，有下列情形之一的，由海事管理机构依照《中华人民共和国海洋环境保护法》有关规定予以处罚：

（1）船舶未取得并随船携带防治船舶污染海洋环境的证书、文书的；

（2）船舶、港口、码头、装卸站未配备防治污染设备、器材的；

（3）船舶向海域排放本条例禁止排放的污染物的；

（4）船舶未如实记录污染物处置情况的；

（5）船舶超过标准向海域排放污染物的；

（6）从事船舶水上拆解作业，造成海洋环境污染损害的。

4. 违反本条例的规定，船舶污染物接收单位从事船舶垃圾、残油、含油污水、含有毒有害物质污水接收作业，未编制作业方案、遵守相关操作规程、采取必要的防污染措施的，由海事管理机构处 1 万元以上 5 万元以下的罚款；造成海洋环境污染的，处 5 万元以上 25 万元以下的罚款。

5. 违反本条例的规定，船舶污染物接收单位未按照规定向海事管理机构报告船舶污染物接收情况，或者未按照规定向船舶出具污染物接收单证，或者未按照规定将船舶污染物的接收和处理情况报海事管理机构备案的，由海事管理机构处 2 万元以下的罚款。

6. 违反本条例的规定，船舶未按照规定办理污染物接收证明，或者船舶污染物接收单位未按照规定将船舶污染物的接收和处理情况报海事管理机构备案的，由海事管理机构处 2 万元以下的罚款。

7. 违反本条例的规定，有下列情形之一的，由海事管理机构处 2 000 元以上 1 万元以下的罚款：

（1）船舶未按照规定保存污染物接收单证的；

（2）船舶燃油供给单位未如实填写燃油供受单证的；

（3）船舶燃油供给单位未按照规定向船舶提供燃油供受单证和燃油样品的；

（4）船舶和船舶燃油供给单位未按照规定保存燃油供受单证和燃油样品的。

8. 违反本条例的规定，有下列情形之一的，由海事管理机构处 2 万元以上 10 万元以下的罚款：

（1）载运污染危害性货物的船舶不符合污染危害性货物适载要求的；

（2）载运污染危害性货物的船舶未在具有相应安全装卸和污染物处理能力的码头、装卸站进行装卸作业的；

（3）货物所有人或者代理人未按照规定对污染危害性不明的货物进行危害性评估的。

9. 违反本条例的规定，未经海事管理机构批准，船舶载运污染危害性货物进出港口、过境停留或者过驳作业的，由海事管理机构处 1 万元以上 5 万元以下的罚款。

10. 违反本条例的规定，有下列情形之一的，由海事管理机构处 2 万元以上 10 万元以下的罚款：

（1）船舶发生事故沉没，船舶所有人或者经营人未及时向海事管理机构报告船舶燃油、污染危害性货物以及其他污染物的性质、数量、种类、装载位置等情况的；

（2）船舶发生事故沉没，船舶所有人或者经营人未及时采取措施清除船舶燃油、污染危害性货物以及其他污染物的。

11. 违反本条例的规定，有下列情形之一的，由海事管理机构处 1 万元以上 5 万元以下的罚款：

（1）载运散装液体污染危害性货物的船舶和 1 万总吨以上的其他船舶，其经营人未按照规定签订污染清除作业协议的；

（2）污染清除作业单位不符合国家有关技术规范从事污染清除作业的。

12. 违反本条例的规定，发生船舶污染事故，船舶、有关作业单位未立即启动应急预案的，对船舶、有关作业单位，由海事管理机构处 2 万元以上 10 万元以下的罚款；对直接负责的主管人员和其他直接责任人员，由海事管理机构处 1 万元以上 2 万元以下的罚款。直接负责的主管人员和其他直接责任人员属于船员的，并处给予暂扣适任证书或者其他有关证件 1 个月至 3 个月的处罚。

13. 违反本条例的规定，发生船舶污染事故，船舶、有关作业单位迟报、漏报事故的，对船舶、有关作业单位，由海事管理机构处 5 万元以上 25 万元以下的罚款；对直接负责的主管人员和其他直接责任人员，由海事管理机构处 1 万元以上 5 万元以下的罚款。直接负责的主管人员和其他直接责任人员属于船员的，并处给予暂扣适任证书或者其他有关证件 3 个月至 6 个月的处罚。瞒报、谎报事故的，对船舶、有关作业单位，由海事管理机构处 25 万元以上 50 万元以下的罚款；对直接负责的主管人员和其他直接责任人员，由海事管理机构处 5 万元以上 10 万元以下的罚款。直接负责的主管人员和其他直接责任人员属于船员的，并处给予吊销适任证书或者其他有关证件的处罚。

14. 违反本条例的规定，未按照国家规定的标准使用消油剂的，由海事管理机构对船舶或者使用单位处 1 万元以上 5 万元以下的罚款。

15. 违反本条例的规定，船舶污染事故的当事人和其他有关人员，未如实向组织事故调查处理的机关或者海事管理机构反映情况和提供资料，伪造、隐匿、毁灭证据或者以其他方式妨碍调查取证的，由海事管理机构处 1 万元以上 5 万元以下的罚款。

16. 违反本条例的规定，船舶所有人有下列情形之一的，由海事管理机构责令改正，可以处 5 万元以下的罚款；拒不改正的，处 5 万元以上 25 万元以下的罚款：

（1）在中华人民共和国管辖海域内航行的船舶，其所有人未按照规定投保船舶油污损害民事责任保险或者取得相应的财务担保的；

(2)船舶所有人投保船舶油污损害民事责任保险或者取得的财务担保的额度低于《中华人民共和国海商法》、中华人民共和国缔结或者参加的有关国际条约规定的油污赔偿限额的。

17. 违反本条例的规定，在中华人民共和国管辖水域接收海上运输的持久性油类物质货物的货物所有人或者代理人，未按照规定缴纳船舶油污损害赔偿基金的，由海事管理机构责令改正；拒不改正的，可以停止其接收的持久性油类物质货物在中华人民共和国管辖水域进行装卸、过驳作业。

货物所有人或者代理人逾期未缴纳船舶油污损害赔偿基金的，应当自应缴之日起按日加缴未缴额的万分之五的滞纳金。

九、附则

1. 中华人民共和国缔结或者参加的国际条约对防治船舶及其有关作业活动污染海洋环境有规定的，适用国际条约的规定。但是，中华人民共和国声明保留的条款除外。

2. 县级以上人民政府渔业主管部门负责渔港水域内非军事船舶和渔港水域外渔业船舶污染海洋环境的监督管理，负责保护渔业水域生态环境工作，负责调查处理《中华人民共和国海洋环境保护法》第五条第四款规定的渔业污染事故。

3. 军队环境保护部门负责军事船舶污染海洋环境的监督管理及污染事故的调查处理。

第六节　中华人民共和国水生野生动物保护实施条例

本条例于 1993 年 9 月 17 日国务院批准，1993 年 10 月 5 日农业部令第 1 号发布施行，2011 年 1 月 8 日国务院令第 588 号公布第一次修改，2013 年 12 月 7 日国务院令第 645 号公布第二次修改，自 2013 年 12 月 7 日起施行。条例共 5 章 35 条，主要内容包括：

一、制定依据

根据《中华人民共和国野生动物保护法》(以下简称《野生动物保护法》)的规定，制定本条例。

二、主管机关

1. 国务院渔业行政主管部门主管全国水生野生动物管理工作。

2. 县级以上地方人民政府渔业行政主管部门主管本行政区域内水生野生动物管理工作。

3.《野生动物保护法》和本条例规定的渔业行政主管部门的行政处罚权，可以由其所属的渔政监督管理机构行使。

渔业行政主管部门及其所属的渔政监督管理机构，有权对《野生动物保护法》和本条例的实施情况进行监督检查，被检查的单位和个人应当给予配合。

三、相关用语含义

本条例所称水生野生动物，是指珍贵、濒危的水生野生动物；所称水生野生动物产品，是指珍贵、濒危的水生野生动物的任何部分及其衍生物。

四、水生野生动物保护

1. 国务院渔业行政主管部门和省、自治区、直辖市人民政府渔业行政主管部门，应当定期组织水生野生动物资源调查，建立资源档案，为制定水生野生动物资源保护发展规划、制定和调整国家和地方重点保护水生野生动物名录提供依据。

2. 渔业行政主管部门应当组织社会各方面力量，采取有效措施，维护和改善水生野生动物的生存环境，保护和增殖水生野生动物资源。

禁止任何单位和个人破坏国家重点保护的和地方重点保护的水生野生动物生息繁衍的水域、场所和生存条件。

3. 任何单位和个人对侵占或者破坏水生野生动物资源的行为，有权向当地渔业行政主管部门或者其所属的渔政监督管理机构检举和控告。

4. 任何单位和个人发现受伤、搁浅和因误入港湾、河汊而被困的水生野生动物时，应当及时报告当地渔业行政主管部门或者其所属的渔政监督管理机构，由其采取紧急救护措施；也可以要求附近具备救护条件的单位采取紧急救护措施，并报告渔业行政主管部门。已经死亡的水生野生动物，由渔业行政主管部门妥善处理。

捕捞作业时误捕水生野生动物的，应当立即无条件放生。

5. 因保护国家重点保护的和地方重点保护的水生野生动物受到损失的，可以向当地人民政府渔业行政主管部门提出补偿要求。经调查属实并确实需要补偿的，由当地人民政府按照省、自治区、直辖市人民政府有关规定给予补偿。

6. 国务院渔业行政主管部门和省、自治区、直辖市人民政府，应当在国家重点保护的和地方重点保护的水生野生动物的主要生息繁衍的地区和水域，划定水生野生动物自然保护区，加强对国家和地方重点保护水生野生动物及其生存环境的保护管理，具体办法由国务院另行规定。

五、水生野生动物管理

1. 禁止捕捉、杀害国家重点保护的水生野生动物。

有下列情形之一，确需捕捉国家重点保护的水生野生动物的，必须申请特许捕捉证：

（1）为进行水生野生动物科学考察、资源调查，必须捕捉的；

（2）为驯养繁殖国家重点保护的水生野生动物，必须从自然水域或者场所获取种源的；

（3）为承担省级以上科学研究项目或者国家医药生产任务，必须从自然水域或者场所获取国家重点保护的水生野生动物的；

（4）为宣传、普及水生野生动物知识或者教学、展览的需要，必须从自然水域或者场所获取国家重点保护的水生野生动物的；

(5)因其他特殊情况,必须捕捉的。

2. 申请特许捕捉证程序:

(1)需要捕捉国家一级保护水生野生动物的,必须附具申请人所在地和捕捉地的省、自治区、直辖市人民政府渔业行政主管部门签署的意见,向国务院渔业行政主管部门申请特许捕捉证;

(2)需要在本省、自治区、直辖市捕捉国家二级保护水生野生动物的,必须附具申请人所在地的县级人民政府渔业行政主管部门签署的意见,向省、自治区、直辖市人民政府渔业行政主管部门申请特许捕捉证;

(3)需要跨省、自治区、直辖市捕捉国家二级保护水生野生动物的,必须附具申请人所在地的省、自治区、直辖市人民政府渔业行政主管部门签署的意见,向捕捉地的省、自治区、直辖市人民政府渔业行政主管部门申请特许捕捉证。

动物园申请捕捉国家一级保护水生野生动物的,在向国务院渔业行政主管部门申请特许捕捉证前,须经国务院建设行政主管部门审核同意;申请捕捉国家二级保护水生野生动物的,在向申请人所在地的省、自治区、直辖市人民政府渔业行政主管部门申请特许捕捉证前,须经同级人民政府建设行政主管部门审核同意。

负责核发特许捕捉证的部门接到申请后,应当自接到申请之日起三个月内作出批准或者不批准的决定。

3. 有下列情形之一的,不予发放特许捕捉证:

(1)申请人有条件以合法的非捕捉方式获得国家重点保护的水生野生动物的种源、产品或者达到其目的的;

(2)捕捉申请不符合国家有关规定,或者申请使用的捕捉工具、方法以及捕捉时间、地点不当的;

(3)根据水生野生动物资源现状不宜捕捉的。

4. 取得特许捕捉证的单位和个人,必须按照特许捕捉证规定的种类、数量、地点、期限、工具和方法进行捕捉,防止误伤水生野生动物或者破坏其生存环境。捕捉作业完成后,应当及时向捕捉地的县级人民政府渔业行政主管部门或者其所属的渔政监督管理机构申请查验。

县级人民政府渔业行政主管部门或者其所属的渔政监督管理机构对在本行政区域内捕捉国家重点保护的水生野生动物的活动,应当进行监督检查,并及时向批准捕捉的部门报告监督检查结果。

5. 外国人在中国境内进行有关水生野生动物科学考察、标本采集、拍摄电影、录像等活动的,必须经国家重点保护的水生野生动物所在地的省、自治区、直辖市人民政府渔业行政主管部门批准。

6. 驯养繁殖国家一级保护水生野生动物的,应当持有国务院渔业行政主管部门核发的驯养繁殖许可证;驯养繁殖国家二级保护水生野生动物的,应当持有省、自治区、直辖市人民政府渔业行政主管部门核发的驯养繁殖许可证。

动物园驯养繁殖国家重点保护的水生野生动物的,渔业行政主管部门可以委托同级建设行政主管部门核发驯养繁殖许可证。

7. 禁止出售、收购国家重点保护的水生野生动物或者其产品。因科学研究、驯养繁殖、展览等特殊情况,需要出售、收购、利用国家一级保护水生野生动物或者其产品的,必须向省、自治区、直辖市人民政府渔业行政主管部门提出申请,经其签署意见后,报国务院渔业行政主管部门批准;需要出售、收购、利用国家二级保护水生野生动物或者其产品的,必须向省、自治区、直辖市人民政府渔业行政主管部门提出申请,并经其批准。

8. 县级以上各级人民政府渔业行政主管部门和工商行政管理部门,应当对水生野生动物或者其产品的经营利用建立监督检查制度,加强对经营利用水生野生动物或者其产品的监督管理。

对进入集贸市场的水生野生动物或者其产品,由工商行政管理部门进行监督管理,渔业行政主管部门给予协助;在集贸市场以外经营水生野生动物或者其产品,由渔业行政主管部门、工商行政管理部门或者其授权的单位进行监督管理。

9. 运输、携带国家重点保护的水生野生动物或者其产品出县境的,应当凭特许捕捉证或者驯养繁殖许可证,向县级人民政府渔业行政主管部门提出申请,报省、自治区、直辖市人民政府渔业行政主管部门或者其授权的单位批准。动物园之间因繁殖动物,需要运输国家重点保护的水生野生动物的,可以由省、自治区、直辖市人民政府渔业行政主管部门授权同级建设行政主管部门审批。

10. 交通、铁路、民航和邮政企业对没有合法运输证明的水生野生动物或者其产品,应当及时通知有关主管部门处理,不得承运、收寄。

11. 从国外引进水生野生动物的,应当向省、自治区、直辖市人民政府渔业行政主管部门提出申请,经省级以上人民政府渔业行政主管部门指定的科研机构进行科学论证后,报国务院渔业行政主管部门批准。

12. 出口国家重点保护的水生野生动物或者其产品的,进出口中国参加的国际公约所限制进出口的水生野生动物或者其产品的,必须经进出口单位或者个人所在地的省、自治区、直辖市人民政府渔业行政主管部门审核,报国务院渔业行政主管部门批准;属于贸易性进出口活动的,必须由具有有关商品进出口权的单位承担。

动物园因交换动物需要进出口前款所称水生野生动物的,在国务院渔业行政主管部门批准前,应当经国务院建设行政主管部门审核同意。

13. 利用水生野生动物或者其产品举办展览等活动的经济收益,主要用于水生野生动物保护事业。

六、奖励和惩罚

1. 有下列事迹之一的单位和个人,由县级以上人民政府或者其渔业行政主管部门给予奖励:

(1)在水生野生动物资源调查、保护管理、宣传教育、开发利用方面有突出贡献的;

(2)严格执行野生动物保护法规,成绩显著的;

(3)拯救、保护和驯养繁殖水生野生动物取得显著成效的;

(4)发现违反水生野生动物保护法律、法规的行为,及时制止或者检举有功的;

(5)在查处破坏水生野生动物资源案件中作出重要贡献的;

(6)在水生野生动物科学研究中取得重大成果或者在应用推广有关的科研成果中取得显著效益的;

(7)在基层从事水生野生动物保护管理工作五年以上并取得显著成绩的;

(8)在水生野生动物保护管理工作中有其他特殊贡献的。

2. 非法捕杀国家重点保护的水生野生动物的,依照刑法有关规定惩治。

3. 违反野生动物保护法律、法规,在水生野生动物自然保护区破坏国家重点保护的或者地方重点保护的水生野生动物主要生息繁衍场所,依照《野生动物保护法》第三十四条的规定处以罚款的,罚款幅度为恢复原状所需费用的三倍以下。

4. 违反野生动物保护法律、法规,出售、收购、运输、携带国家重点保护的或者地方重点保护的水生野生动物或者其产品的,由工商行政管理部门或者其授权的渔业行政主管部门没收实物和违法所得,可以并处相当于实物价值十倍以下的罚款。

5. 伪造、倒卖、转让驯养繁殖许可证,依照《野生动物保护法》第三十七条的规定处以罚款的,罚款幅度为五千元以下。伪造、倒卖、转让特许捕捉证或者允许进出口证明书,依照《野生动物保护法》第三十七条的规定处以罚款的,罚款幅度为五万元以下。

6. 违反野生动物保护法规,未取得驯养繁殖许可证或者超越驯养繁殖许可证规定范围,驯养繁殖国家重点保护的水生野生动物的,由渔业行政主管部门没收违法所得,处三千元以下的罚款,可以并处没收水生野生动物、吊销驯养繁殖许可证。

7. 外国人未经批准在中国境内对国家重点保护的水生野生动物进行科学考察、标本采集、拍摄电影、录像的,由渔业行政主管部门没收考察、拍摄的资料以及所获标本,可以并处五万元以下的罚款。

8. 有下列行为之一,尚不构成犯罪,应当给予治安处罚的,由公安机关依照《中华人民共和国治安管理处罚条例》的规定予以处罚:

(1)拒绝、阻碍渔政检查人员依法执行职务的;

(2)偷窃、哄抢或者故意损坏野生动物保护仪器设备或者设施的。

9. 依照野生动物保护法规的规定没收的实物,按照国务院渔业行政主管部门的有关规定处理。

第七节　中华人民共和国渔业船员管理办法

为加强渔业船员管理,维护渔业船员合法权益,保障渔业船舶及船上人员的生命财产安全,根据《中华人民共和国船员条例》制定本办法。

《中华人民共和国渔业船员管理办法》已经 2014 年 5 月 4 日农业部第 4 次常务会议审议通过,自 2015 年 1 月 1 日起施行,主要内容包括:

一、适用范围

本办法适用于在中华人民共和国国籍渔业船舶上工作的渔业船员的管理。

二、主管机关

农业部负责全国渔业船员管理工作。

县级以上地方人民政府渔业行政主管部门及其所属的渔政渔港监督管理机构,依照各自职责负责渔业船员管理工作。

三、渔业船员任职和发证

1. 渔业船员实行持证上岗制度。渔业船员应当按照本办法的规定接受培训,经考试或考核合格、取得相应的渔业船员证书后,方可在渔业船舶上工作。

在远洋渔业船舶上工作的中国籍船员,还应当按照有关规定取得中华人民共和国海员证。

2. 渔业船员分为职务船员和普通船员。

职务船员是负责船舶管理的人员,包括以下五类:

(1)驾驶人员,职级包括船长、船副、助理船副;

(2)轮机人员,职级包括轮机长、管轮、助理管轮;

(3)机驾长;

(4)电机员;

(5)无线电操作员。

职务船员证书分为海洋渔业职务船员证书和内陆渔业职务船员证书。具体等级职级划分见“十、相关附件”。

普通船员是职务船员以外的其他船员。普通船员证书分为海洋渔业普通船员证书和内陆渔业普通船员证书。

3. 渔业船员培训包括基本安全培训、职务船员培训和其他培训。

(1)基本安全培训是指渔业船员都应当接受的任职培训,包括水上求生、船舶消防、急救、应急措施、防止水域污染、渔业安全生产操作规程等内容。

(2)职务船员培训是指职务船员应当接受的任职培训,包括拟任岗位所需的专业技术知识、专业技能和法律法规等内容。

(3)其他培训是指远洋渔业专项培训和其他与渔业船舶安全和渔业生产相关的技术、技能、知识、法律法规等培训。

4. 申请渔业普通船员证书应当具备以下条件:

(1)年满 16 周岁;

(2)符合渔业船员健康标准(见“十、相关附件”);

(3)经过基本安全培训。

符合以上条件的,由申请者向渔政渔港监督管理机构提出书面申请。渔政渔港监督管理机构应当组织考试或考核,对考试或考核合格的,自考试成绩或考核结果公布之日起 10 个工作日内发放渔业普通船员证书。

5. 申请渔业职务船员证书应当具备以下条件:

(1)持有渔业普通船员证书或下一级相应职务船员证书;

(2)年龄不超过60 周岁,对船舶长度不足 12 米或者主机总功率不足 50 千瓦渔业船舶的职务船员，年龄资格上限可由发证机关根据申请者身体健康状况适当放宽；

(3)符合任职岗位健康条件要求；

(4)具备相应的任职资历条件(见“十、相关附件”)，且任职表现和安全记录良好；

(5)完成相应的职务船员培训，在远洋渔业船舶上工作的驾驶和轮机人员，还应当接受远洋渔业专项培训。

符合以上条件的，由申请者向渔政渔港监督管理机构提出书面申请。渔政渔港监督管理机构应当组织考试或考核，对考试或考核合格的，自考试成绩或考核结果公布之日起 10 个工作日内发放相应的渔业职务船员证书。

6. 航海、海洋渔业、轮机管理、机电、船舶通信等专业的院校毕业生申请渔业职务船员证书，具备本办法第八条规定的健康及任职资历条件的，可申请考核。经考核合格，按以下规定分别发放相应的渔业职务船员证书：

(1)高等院校本科毕业生按其所学专业签发一级船副、一级管轮、电机员、无线电操作员证书；

(2)高等院校专科(含高职)毕业生按其所学专业签发二级船副、二级管轮、电机员、无线电操作员证书；

(3)中等专业学校毕业生按其所学专业签发助理船副、助理管轮、电机员、无线电操作员证书。

内陆渔业船舶接收相应专业毕业生任职的，参照前款规定执行。

7. 曾在军用船舶、交通运输船舶等非渔业船舶上任职的船员申请渔业船员证书，应当参加考核。经考核合格，由渔政渔港监督管理机构换发相应的渔业普通船员证书或渔业职务船员证书。

8. 申请海洋渔业船舶一级驾驶人员、一级轮机人员、电机员、无线电操作员证书以及远洋渔业职务船员证书的，由省级以上渔政渔港监督管理机构组织考试、考核、发证；其他渔业船员证书的考试、考核、发证权限由省级渔政渔港监督管理机构制定并公布，报农业部备案。

中央在京直属企业所属远洋渔业船员的考试、考核、发证工作由农业部负责。

9. 渔业船员考试包括理论考试和实操评估。海洋渔业船员考试大纲由农业部统一制定并公布。内陆渔业船员考试大纲由省级渔政渔港监督管理机构根据本辖区的具体情况制定并公布。

渔业船员考核可由渔政渔港监督管理机构根据实际需要和考试大纲，选取适当科目和内容进行。

10. 渔业船员证书的有效期不超过 5 年。证书有效期满，持证人需要继续从事相应工作的，应当向有相应管理权限的渔政渔港监督管理机构申请换发证书。渔政渔港监督管理机构可以根据实际需要和职务知识技能更新情况组织考核，对考核合格的，换发相应渔业船员证书。

渔业船员证书期满 5 年后，持证人需要从事渔业船员工作的，应当重新申请原等级原职级证书。

11. 有效期内的渔业船员证书损坏或丢失的，应当凭损坏的证书原件或在原发证机关所在地报纸刊登的遗失声明，向原发证机关申请补发。补发的渔业船员证书有效期应当与原证书有效期一致。

12. 渔业船员证书格式由农业部统一制定。远洋渔业职务船员证书由农业部印制；其他渔业船员证书由省级渔政渔港监督管理机构印制。

13. 禁止伪造、变造、转让渔业船员证书。

四、渔业船员配员和职责

1. 海洋渔业船舶应当满足本办法规定的职务船员最低配员标准（见"十、相关附件"）。内陆渔业船舶船员最低配员标准由各省级人民政府渔业行政主管部门根据本地情况制定，报农业部备案。

持有高等级职级船员证书的船员可以担任低等级职级船员职务。

渔业船舶所有人或经营人可以根据作业安全和管理的需要，增加职务船员的配员。

2. 渔业船舶在境外遇有不可抗力或其他持证人不能履行职务的特殊情况，导致无法满足本办法规定的职务船员最低配员标准时，具备以下条件的船员，可以由船舶所有人或经营人向船籍港所在地省级渔政渔港监督管理机构申请临时担任上一职级职务：

（1）持有下一职级相应证书；

（2）申请之日前 5 年内，具有 6 个月以上不低于其船员证书所记载船舶、水域、职务的任职资历；

（3）任职表现和安全记录良好。

渔政渔港监督管理机构根据拟担任上一级职务船员的任职情况签发特免证明。特免证明有效期不得超过 6 个月，不得延期，不得连续申请。渔业船舶抵达中国第一个港口后，特免证明自动失效。失效的特免证明应当及时缴回签发机构。

一艘渔业船舶上同时持有特免证明的船员不得超过 2 人。

3. 中国籍渔业船舶的船员应当由中国籍公民担任。确需由外国籍公民担任的，应当持有所属国政府签发的相关身份证件，在我国依法取得就业许可，并按本办法的规定取得渔业船员证书。持有《1995 年国际渔业船舶船员培训、发证和值班标准公约》缔约国签发的外国职务船员证书的，应当按照国家有关规定取得承认签证。承认签证的有效期不得超过被承认职务船员证书的有效期，当被承认职务船员证书失效时，相应的承认签证自动失效。

外国籍船员不得担任驾驶人员和无线电操作员，人数不得超过船员总数的 30%。

4. 渔业船舶所有人或经营人应当为在渔业船舶上工作的渔业船员建立基本信息档案，并报船籍港所在地渔政渔港监督管理机构或渔政渔港监督管理机构委托的服务机构备案。

渔业船员变更的，渔业船舶所有人或经营人应当在出港前 10 个工作日内报船籍港所在地渔政渔港监督管理机构或渔政渔港监督管理机构委托的服务机构备案，并及时变更渔业船员基本信息档案。

5. 渔业船员在船工作期间，应当履行以下职责：

（1）携带有效的渔业船员证书；

（2）遵守法律法规和安全生产管理规定，遵守渔业生产作业及防治船舶污染操作规程；

（3）执行渔业船舶上的管理制度、值班规定；

（4）服从船长及上级职务船员在其职权范围内发布的命令；

（5）参加渔业船舶应急训练、演习，落实各项应急预防措施；

(6)及时报告发现的险情、事故或者影响航行、作业安全的情况；

(7)在不严重危及自身安全的情况下，尽力救助遇险人员；

(8)不得利用渔业船舶私载、超载人员和货物，不得携带违禁物品；

(9)不得在生产航次中辞职或者擅自离职。

6. 渔业船员在船舶航行、作业、锚泊时应当按照规定值班。值班船员应当履行以下职责：

(1)熟悉并掌握船舶的航行与作业环境、航行与导航设施设备的配备和使用、船舶的操控性能、本船及邻近船舶使用的渔具特性，随时核查船舶的航向、船位、船速及作业状态；

(2)按照有关的船舶避碰规则以及航行、作业环境要求保持值班瞭望，并及时采取预防船舶碰撞和污染的相应措施；

(3)如实填写有关船舶法定文书；

(4)在确保航行与作业安全的前提下交接班。

7. 船长是渔业安全生产的直接责任人，在组织开展渔业生产、保障水上人身与财产安全、防治渔业船舶污染水域和处置突发事件方面，具有独立决定权，并履行以下职责：

(1)确保渔业船舶和船员携带符合法定要求的证书、文书以及有关航行资料；

(2)确保渔业船舶和船员在开航时处于适航、适任状态，保证渔业船舶符合最低配员标准，保证渔业船舶的正常值班；

(3)服从渔政渔港监督管理机构依据职责对渔港水域交通安全和渔业生产秩序的管理，执行有关水上交通安全、渔业资源养护和防治船舶污染等规定；

(4)确保渔业船舶依法进行渔业生产，正确合法使用渔具渔法，在船人员遵守相关资源养护法律法规，按规定填写渔捞日志，并按规定开启和使用安全通导设备；

(5)在渔业船员证书内如实记载渔业船员的服务资历和任职表现；

(6)按规定申请办理渔业船舶进出港签证手续；

(7)发生水上安全交通事故、污染事故、涉外事件、公海登临和港口国检查时，应当立即向渔政渔港监督管理机构报告，并在规定的时间内提交书面报告；

(8)全力保障在船人员安全，发生水上安全事故危及船上人员或财产安全时，应当组织船员尽力施救；

(9)弃船时，船长应当最后离船，并尽力抢救渔捞日志、轮机日志、油类记录簿等文件和物品；

(10)在不严重危及自身船舶和人员安全的情况下，尽力履行水上救助义务。

8. 船长履行职责时，可以行使下列权力：

(1)当渔业船舶不具备安全航行条件时，拒绝开航或者续航；

(2)对渔业船舶所有人或经营人下达的违法指令，或者可能危及船员、财产或船舶安全，以及造成渔业资源破坏和水域环境污染的指令，可以拒绝执行；

(3)当渔业船舶遇险并严重危及船上人员的生命安全时，决定船上人员撤离渔业船舶；

(4)在渔业船舶的沉没、毁灭不可避免的情况下，报经渔业船舶所有人或经营人同意后弃船，紧急情况除外；

(5)责令不称职的船员离岗。

船长在其职权范围内发布的命令，船舶上所有人员必须执行。

五、渔业船员培训和服务

1. 渔业船员培训机构开展培训业务，应当具备开展相应培训所需的场地、设施、设备和教学人员条件。

2. 海洋渔业船员培训机构分为以下三级，应当具备的具体条件由农业部另行规定：

一级渔业船员培训机构，可以承担海洋渔业船舶各类各级职务船员培训、远洋渔业专项培训和基本安全培训；

二级渔业船员培训机构，可以承担海洋渔业船舶二级以下驾驶和轮机人员培训、机驾长培训和基本安全培训；

三级渔业船员培训机构，可以承担海洋渔业船舶机驾长培训和基本安全培训；

内陆渔业船员培训机构应当具备的具体条件，由省级人民政府渔业行政主管部门根据渔业船员管理需要制定。

3. 渔业船员培训机构应当在每期培训班开班前，将学员名册、培训内容和教学计划报所在地渔政渔港监督管理机构备案。

4. 渔业船员培训机构应当建立渔业船员培训档案。学员参加培训课时达到规定培训课时80%的，渔业船员培训机构方可出具渔业船员培训证明。

5. 国家鼓励建立渔业船员服务机构。

渔业船员服务机构可以为渔业船员代理申请考试、申领证书等有关手续，代理船舶所有人或经营人管理渔业船员事务，提供渔业船员船舶配员等服务。

渔业船员服务机构为船员提供服务，应当订立书面合同。

六、渔业船员职业管理与保障

1. 渔业船舶所有人或经营人应当依法与渔业船员订立劳动合同。

渔业船舶所有人或经营人，不得招用未持有相应有效渔业船员证书的人员上船工作。

2. 渔业船舶所有人或经营人应当依法为渔业船员办理保险。

3. 渔业船舶所有人或经营人应当保障渔业船员的生活和工作场所符合《渔业船舶法定检验规则》对船员生活环境、作业安全和防护的要求，并为船员提供必要的船上生活用品、防护用品、医疗用品，建立船员健康档案，为船员定期进行健康检查和心理辅导，防治职业疾病。

4. 渔业船员在船上工作期间受伤或者患病的，渔业船舶所有人或经营人应当及时给予救治；渔业船员失踪或者死亡的，渔业船舶所有人或经营人应当及时做好善后工作。

5. 渔业船舶所有人或经营人是渔业安全生产的第一责任人，应当保证安全生产所需的资金投入，建立健全安全生产责任制，按照规定配备船员和安全设备，确保渔业船舶符合安全适航条件，并保证船员足够的休息时间。

七、监督管理

1. 渔政渔港监督管理机构应当健全渔业船员管理及监督检查制度，建立渔业船员档案，督促渔业船舶所有人或经营人完善船员安全保障制度，落实相应的保障措施。

2. 渔政渔港监督管理机构应当依法对渔业船员持证情况、任职资格和资历、履职情况、安全记录，船员培训机构培训质量，船员服务机构诚实守信情况等进行监督检查，必要时可对船员进行现场考核。

渔政渔港监督管理机构依法实施监督检查时，船员、渔业船舶所有人和经营人、船员培训机构和服务机构应当予以配合，如实提供证书、材料及相关情况。

3. 渔业船员违反有关法律、法规、规章的，除依法给予行政处罚外，各省级人民政府渔业行政主管部门可根据本地实际情况实行累计记分制度。

4. 渔政渔港监督管理机构应当对渔业船员培训机构的条件、培训情况、培训质量等进行监督检查，检查内容包括教学计划的执行情况、承担本期培训教学任务的师资情况和教学情况、培训设施设备和教材的使用及补充情况、培训规模与师资配备要求的符合情况、学员的出勤情况、培训档案等。

5. 渔政渔港监督管理机构应当公开有关渔业船员管理的事项、办事程序、举报电话号码、通信地址、电子邮件信箱等信息，自觉接受社会的监督。

八、罚则

1. 违反本办法规定，以欺骗、贿赂等不正当手段取得渔业船员证书的，由渔政渔港监督管理机构撤销有关证书，可并处 2 000 元以上 1 万元以下罚款，3 年内不再受理申请人渔业船员证书申请。

2. 伪造、变造、转让渔业船员证书的，由渔政渔港监督管理机构收缴有关证书，并处 2 000 元以上 5 万元以下罚款；有违法所得的，没收违法所得；构成犯罪的，依法追究刑事责任。

3. 渔业船员违反本办法第五部分之第 5 款第（1）项至第（5）项的规定的，由渔政渔港监督管理机构予以警告；情节严重的，处 200 元以上 2 000 元以下罚款。

4. 渔业船员违反本办法第五部分之第 5 款第（6）项至第（9）项及第五部分第 6 款的规定的，由渔政渔港监督管理机构处 1 000 元以上 2 万元以下罚款；情节严重的，并可暂扣渔业船员证书 6 个月以上 2 年以下；情节特别严重的，并可吊销渔业船员证书。

5. 渔业船舶的船长违反本办法第五部分第 7 款的规定的，由渔政渔港监督管理机构处 2 000 元以上 2 万元以下罚款；情节严重的，并可暂扣渔业船舶船长职务船员证书 6 个月以上 2 年以下；情节特别严重的，并可吊销渔业船舶船长职务船员证书。

6. 渔业船员因违规造成责任事故的，暂扣渔业船员证书 6 个月以上 2 年以下；情节严重的，吊销渔业船员证书；构成犯罪的，依法追究刑事责任。

7. 渔业船员证书被吊销的，自被吊销之日起 5 年内，不得申请渔业船员证书。

8. 渔业船舶所有人或经营人有下列行为之一的，由渔政渔港监督管理机构责令改正；拒不改正的，处 5 000 元以上 5 万元以下罚款：

（1）未按规定配齐渔业职务船员，或招用未取得本办法规定证件的人员在渔业船舶上工作的；

（2）渔业船员在渔业船舶上生活和工作的场所不符合相关要求的；

（3）渔业船员在船工作期间患病或者受伤，未及时给予救助的。

9. 渔业船员培训机构有下列情形之一的，由渔政渔港监督管理机构给予警告，责令改正；

拒不改正或者再次出现同类违法行为的，可处2万元以上5万元以下罚款：

(1)不具备规定条件开展渔业船员培训的；

(2)未按规定的渔业船员考试大纲内容要求进行培训的；

(3)未按规定出具培训证明的；

(4)出具虚假培训证明的。

10. 渔业行政主管部门或渔政渔港监督管理机构工作人员有下列情形之一的，依法给予处分：

(1)违反规定发放渔业船员证书的；

(2)不依法履行监督检查职责的；

(3)滥用职权、玩忽职守的其他行为。

九、附则

1. 本办法中下列用语的含义是：

(1)渔业船员，是指服务于渔业船舶，具有固定工作岗位的人员。

(2)船舶长度，是指公约船长，即中华人民共和国船舶国籍证书所登记的"船长"。

(3)主机总功率，是指所有用于推进的发动机持续功率总和，即渔业船舶国籍证书所登记"主机总功率"。

2. 非机动渔业船舶的船员管理办法，由各省级人民政府渔业行政主管部门根据本地实际情况制定。

3. 渔业船员培训、考试、发证，应当按国家有关规定缴纳相关费用。

十、相关附件

(一)渔业职务船员证书等级划分

1. 海洋渔业职务船员证书等级

(1)驾驶人员证书

①一级证书：适用于船舶长度45米以上的渔业船舶，包括一级船长证书、一级船副证书；

②二级证书：适用于船舶长度24米以上不足45米的渔业船舶，包括二级船长证书、二级船副证书；

③三级证书：适用于船舶长度12米以上不足24米的渔业船舶，包括三级船长证书；

④助理船副证书：适用于所有渔业船舶。

(2)轮机人员证书

①一级证书：适用于主机总功率750千瓦以上的渔业船舶，包括一级轮机长证书、一级管轮证书；

②二级证书：适用于主机总功率250千瓦以上不足750千瓦的渔业船舶，包括二级轮机长证书、二级管轮证书；

③三级证书：适用于主机总功率50千瓦以上不足250千瓦的渔业船舶，包括三级轮机长证书；

④助理管轮证书:适用于所有渔业船舶。

(3)机驾长证书

适用于船舶长度不足12米或者主机总功率不足50千瓦的渔业船舶上,驾驶与轮机岗位合一的船员。

(4)电机员证书

适用于发电机总功率800千瓦以上的渔业船舶。

(5)无线电操作员证书

适用于远洋渔业船舶。

2. 内陆渔业职务船员证书等级

(1)驾驶人员证书

①一级证书:适用于船舶长度24米以上设独立机舱的渔业船舶;

②二级证书:适用于船舶长度不足24米设独立机舱的渔业船舶。

(2)轮机人员证书

①一级证书:适用于主机总功率250千瓦以上设独立机舱的渔业船舶;

②二级证书:适用于主机总功率不足250千瓦设独立机舱的渔业船舶。

(3)机驾长证书

适用于无独立机舱的渔业船舶上,驾驶与轮机岗位合一的船员。

内陆渔业船舶职务船员职级由各省级人民政府渔业行政主管部门参照海洋渔业职务船员职级,根据本地情况自行确定,报农业部备案。

(二)渔业船员健康标准

1. 视力(采用国际视力表及标准检查距离)

(1)驾驶人员:两眼裸视力均0.8以上,或裸视力0.6以上且矫正视力1.0以上;

(2)轮机人员:两眼裸视力均0.6以上,或裸视力0.4以上且矫正视力0.8以上。

2. 辨色力

(1)驾驶人员:辨色力完全正常;

(2)其他渔业船员:无红绿色盲。

3. 听力

双耳均能听清50厘米距离的秒表声音。

4. 其他

(1)患有精神疾病、影响肢体活动的神经系统疾病、严重损害健康的传染病和可能影响船上正常工作的慢性病的,不得申请渔业船员证书;

(2)肢体运动功能正常;

(3)无线电人员应当口齿清楚。

(三)渔业职务船员证书申请资历条件

根据《农业农村部关于做好渔业职务船员考试考核有关工作的通知》(农渔发〔2022〕8号)文件要求,渔业职务船员证书申请资历条件如下:

1. 渔业职务船员按照以下顺序依次晋升:

(1)驾驶人员:助理船副→三级船长或二级船副→二级船长或一级船副→一级船长。

(2)轮机人员:助理管轮→三级轮机长或二级管轮→二级轮机长或一级管轮→一级轮机长。

2. 申请海洋渔业职务船员证书考试资历条件:

(1)初次申请:申请助理船副、助理管轮、机驾长、电机员、无线电操作员职务船员证书的,应当担任渔捞员、水手、机舱加油工或电工实际工作满12个月。

(2)申请证书等级职级提高:持有下一级相应职务船员证书,并实际担任该职务满12个月。

3. 申请海洋渔业职务船员证书考核资历条件:

(1)专业院校学生:在渔业船舶上见习期满3个月。在校学习期间在船实习3个月及以上的,可免除在渔业船舶上的见习时限要求。

(2)曾在军用船舶、交通运输船舶任职的船员:在最近12个月内在相应船舶上工作满3个月。

4. 申请内陆渔业职务船员证书资历条件:

(1)初次申请:在相应渔业船舶担任普通船员实际工作满12个月。

(2)申请证书等级职级提高:持有下一级相应职务船员证书,并实际担任该职务满12个月。

(四)海洋渔业船舶职务船员最低配员标准

具体标准内容见表1-1。

表1-1 海洋渔业船舶职务船员最低配员标准

配员 / 船舶类型	职务船员最低配员标准		
长度≥45米远洋渔业船舶	一级船长	一级船副	助理船副2名
长度≥45米非远洋渔业船舶	一级船长	一级船副	助理船副
36米≤长度<45米	二级船长	二级船副	助理船副
24米≤长度<36米	二级船长	二级船副	
12米≤长度<24米	三级船长	助理船副	
主机总功率≥3 000千瓦	一级轮机长	一级管轮	助理管轮2名
750千瓦≤主机总功率<3 000千瓦	一级轮机长	一级管轮	助理管轮
450千瓦≤主机总功率<750千瓦	二级轮机长	二级管轮	助理管轮
250千瓦≤主机总功率<450千瓦	二级轮机长	二级管轮	
50千瓦≤主机总功率<250千瓦	三级轮机长		
船舶长度不足12米或者主机总功率不足50千瓦	机驾长		
发电机总功率800千瓦以上	电机员,可由持有电机员证书的轮机人员兼任		
远洋渔业船舶	无线电操作员,可由持有全球海上遇险和安全系统(GMDSS)无线电操作员证书的驾驶人员兼任		

注:省级人民政府渔业行政主管部门可参照以上标准,根据本地情况,对船长不足24米渔业船舶的驾驶人员和主机总功率不足250千瓦渔业船舶的轮机人员配备标准进行适当调整,报农业部备案。

第八节　中华人民共和国渔业船舶登记办法

《中华人民共和国渔业船舶登记办法》旨在加强渔业船舶监督管理，确定渔业船舶的所有权、国籍、船籍港及其他有关法律关系，保障渔业船舶登记有关各方的合法权益，已经 2012 年农业部第 10 次常务会议审议通过，自 2013 年 1 月 1 日起施行，2013 年 12 月 31 日农业部令 2013 年第 5 号修订，共 10 章 57 条，主要内容包括：

一、总则

1. 中华人民共和国公民或法人所有的渔业船舶，以及中华人民共和国公民或法人以光船条件从境外租进的渔业船舶，应当依照本办法进行登记。

2. 农业部主管全国渔业船舶登记工作。中华人民共和国渔政局具体负责全国渔业船舶登记及其监督管理工作。

县级以上地方人民政府渔业行政主管部门主管本行政区域内的渔业船舶登记工作。县级以上地方人民政府渔业行政主管部门所属的渔港监督机关（以下称登记机关）依照规定权限负责本行政区域内的渔业船舶登记及其监督管理工作。

3. 渔业船舶依照本办法进行登记，取得中华人民共和国国籍，方可悬挂中华人民共和国国旗航行。

4. 渔业船舶不得具有双重国籍。凡在境外登记的渔业船舶，未中止或者注销原登记国籍的，不得取得中华人民共和国国籍。

5. 渔业船舶所有人应当向户籍所在地或企业注册地的县级以上登记机关申请办理渔业船舶登记。

远洋渔业船舶登记由渔业船舶所有人向所在地省级登记机关申请办理。中央在京直属企业所属远洋渔业船舶登记由渔业船舶所有人向船舶所在地的省级登记机关申请办理。

渔业船舶登记的港口是渔业船舶的船籍港。每艘渔业船舶只能有一个船籍港。

省级登记机关应当根据本行政区域渔业船舶管理实际确定省级以下登记机关的登记权限和船籍港名称，并对外公告。

6. 登记机关应当建立渔业船舶登记簿，并将渔业船舶登记的内容载入渔业船舶登记簿。

权利人和利害关系人有权依法查阅渔业船舶登记簿。

7. 登记机关应当将登记的事项、依据、条件、程序、期限以及需要提交的全部材料目录和申请书示范文本在办公场所进行公示。

登记机关应当自受理申请之日起二十个工作日内作出是否准予渔业船舶登记的决定。不予登记的，书面通知当事人并说明理由。

二、船名核定

1. 渔业船舶只能有一个船名。

远洋渔业船舶、科研船和教学实习船的船名由申请人在申请渔业船网工具指标时提出，经省级登记机关通过全国海洋渔船动态管理系统查询，无重名、同音且符合规范的，在《渔业船网工具指标申请书》上标注其船名、船籍港。渔业行政主管部门核发的《渔业船网工具指标批准书》应当载明上述船名、船籍港。

公务船舶的船名按照农业部的规定办理。

前款规定以外的其他渔业船舶的船名由登记机关按照农业部的统一规定核定。

2. 有下列情形之一的，渔业船舶所有人或承租人应当向登记机关申请船名：

(1)制造、进口渔业船舶的；

(2)因继承、赠予、购置、拍卖或法院生效判决取得渔业船舶所有权，需要变更船名的；

(3)以光船条件从境外租进渔业船舶的。

3. 申请渔业船舶船名核定，申请人应当填写渔业船舶船名申请表，交验渔业船舶所有人或承租人的户口簿或企业法人营业执照，并提交下列材料：

(1)捕捞渔船和捕捞辅助船应当提交省级以上人民政府渔业行政主管部门签发的渔业船网工具指标批准书；

(2)养殖渔船应当提交渔业船舶所有人持有的养殖证；

(3)从境外租进的渔业船舶，应当提交农业部同意租赁的批准文件；

(4)申请变更渔业船舶船名的，应当提供变更理由及相关证明材料。

4. 登记机关应当自受理申请之日起七个工作日内作出核定决定。予以核定的，向申请人核发渔业船舶船名核定书，同时确定该渔业船舶的船籍港。不予核定的，书面通知当事人并说明理由。

5. 渔业船舶船名核定书的有效期为十八个月。

超过有效期未使用船名的，渔业船舶船名核定书作废，渔业船舶所有人应当按照本办法规定重新提出申请。

三、所有权登记

1. 渔业船舶所有权的取得、转让和消灭，应当依照本办法进行登记；未经登记的，不得对抗善意第三人。

2. 渔业船舶所有权登记，由渔业船舶所有人申请。共有的渔业船舶，由持股比例最大的共有人申请；持股比例相同的，由约定的共有人一方申请。

申请渔业船舶所有权登记，应当填写渔业船舶所有权登记申请表，并提交下列材料：

(1)渔业船舶所有人户口簿或企业法人营业执照。

(2)取得渔业船舶所有权的证明文件：

①制造渔业船舶，提交建造合同和交接文件；

②购置渔业船舶，提交买卖合同和交接文件；

③因继承、赠予、拍卖以及法院判决等原因取得所有权的，提交具有相应法律效力的证明文件；

④渔业船舶共有的，提交共有协议；

⑤其他证明渔业船舶合法来源的文件。

(3)渔业船舶检验证书、依法需要取得的渔业船舶船名核定书。
(4)反映船舶全貌和主要特征的渔业船舶照片。
(5)原船籍港登记机关出具的渔业船舶所有权注销登记证明书(制造渔业船舶除外)。
(6)捕捞渔船和捕捞辅助船的渔业船网工具指标批准书。
(7)养殖渔船所有人持有的养殖证。
(8)进口渔业船舶的准予进口批准文件和办结海关手续的证明。
(9)农业部规定的其他材料。
登记机关准予登记的,向渔业船舶所有人核发渔业船舶所有权登记证书。

四、国籍登记

1. 渔业船舶应当依照本办法进行渔业船舶国籍登记,方可取得航行权。
2. 渔业船舶国籍登记,由渔业船舶所有人申请。
申请国籍登记,应当填写渔业船舶国籍登记申请表,并提交下列材料:
(1)渔业船舶所有人的户口簿或企业法人营业执照;
(2)渔业船舶所有权登记证书;
(3)渔业船舶检验证书;
(4)捕捞渔船和捕捞辅助船的渔业船网工具指标批准书;
(5)养殖渔船所有人持有的养殖证;
(6)进口渔业船舶的准予进口批准文件和办结海关手续的证明;
(7)渔业船舶委托其他渔业企业代理经营的,提交代理协议和代理企业的营业执照;
(8)原船籍港登记机关出具的渔业船舶国籍注销或者中止证明书(制造渔业船舶除外);
(9)农业部规定的其他材料。
国籍登记与所有权登记同时申请的,免予提交前款规定的第(1)至(6)项材料。
登记机关准予登记的,向船舶所有人核发渔业船舶国籍证书,同时核发渔业船舶航行签证簿,载明船舶主要技术参数。

3. 从事国内作业的渔业船舶经批准从事远洋渔业的,渔业船舶所有人应当持有关批准文件和国际渔船安全证书向省级登记机关申请换发渔业船舶国籍证书,并将原渔业船舶国籍证书交由省级登记机关暂存。

4. 经农业部批准从事远洋渔业的渔业船舶,需要加入他国国籍方可在他国管辖海域作业的,渔业船舶所有人应当持有关批准文件和国际渔船安全证书向省级登记机关申请中止渔业船舶国籍。登记机关准予中止国籍的,应当封存该渔业船舶国籍证书和航行签证簿,并核发渔业船舶国籍中止证明书。

依照前款规定中止国籍的渔业船舶申请恢复国籍的,应当持有关批准文件和他国登记机关出具的注销该国国籍证明书或者将于重新登记时立即注销该国国籍的证明书,向省级登记机关提出申请。登记机关准予恢复国籍的,应当发还该渔业船舶国籍证书和航行签证簿,并收回渔业船舶国籍中止证明书。

5. 以光船条件从境外租进渔业船舶的,承租人应当持光船租赁合同、渔业船舶检验证书或报告、农业部批准租进的文件和原登记机关出具的中止或者注销原国籍的证明书,或者将于重新登记时立即中止或者注销原国籍的证明书，向省级登记机关申请办理临时渔业船舶国籍证书。

6. 渔业船舶国籍证书有效期为五年。

对达到农业部规定的老旧渔业船舶船龄的渔业船舶，登记机关核发渔业船舶国籍证书时，其证书有效期限不得超过渔业船舶检验证书记载的有效期限。

租赁合同期限超过两年的，承租人应当在证书有效期届满三十日前，持渔业船舶租赁登记证书、原临时渔业船舶国籍证书和租赁合同，向原登记机关申请换发临时渔业船舶国籍证书。

8. 渔业船舶国籍证书或临时渔业船舶国籍证书必须随船携带。

五、抵押权登记

1. 渔业船舶抵押权的设定、转移和消灭，抵押权人和抵押人应当共同依照本办法进行登记；未经登记的，不得对抗善意第三人。

2. 渔业船舶所有人或其授权的人可以设定船舶抵押权。

渔业船舶共有人就共有渔业船舶设定抵押权时，应当提供三分之二以上份额或者约定份额的共有人同意的证明文件。

渔业船舶抵押权的设定，应当签订书面合同。

3. 同一渔业船舶可以依法设定两个以上抵押权，抵押关系设定顺序，以抵押登记的先后为准。

4. 抵押权人和抵押人共同申请渔业船舶抵押权登记，应当填写渔业船舶抵押权登记申请表，并提交下列材料：

(1)抵押权人和抵押人的户口簿或企业法人营业执照；

(2)渔业船舶所有权登记证书；

(3)抵押合同及其主合同；

(4)农业部规定的其他材料。

登记机关准予登记的，应当将抵押权登记情况载入渔业船舶所有权登记证书，并向抵押权人核发渔业船舶抵押权登记证书。

5. 抵押权人依法转移船舶抵押权的，应当和承转人持渔业船舶所有权登记证书、渔业船舶抵押权登记证书和船舶抵押权转移合同，向原登记机关申请办理抵押权转移登记。

办理渔业船舶抵押权转移登记，抵押权人应当事先通知抵押人。

登记机关准予登记的，应当将有关抵押权转移情况载入渔业船舶所有权登记证书，封存原渔业船舶抵押权登记证书，并向承转人核发渔业船舶抵押权登记证书。

六、光船租赁登记

1. 以光船条件出租渔业船舶，或者以光船条件租进境外渔业船舶的，出租人和承租人应当依照本办法进行光船租赁登记；未经登记的，不得对抗善意第三人。

2. 中国籍渔业船舶以光船条件出租给中国籍公民或法人的，出租人和承租人应当共同填写渔业船舶租赁登记申请表，向船籍港登记机关申请办理光船租赁登记，并提交下列材料：

(1)承租人的户口簿或企业法人营业执照。

(2)渔业船舶所有权登记证书、渔业船舶国籍证书、渔业船舶检验证书和渔业船舶航行签证簿。

(3)租赁合同。

(4)租赁捕捞渔船和捕捞辅助船的,提交出租人所在地渔业行政主管部门出具的捕捞许可证注销证明、承租人所在地渔业行政主管部门同意租赁渔业船舶的证明文件;租赁远洋渔业船舶或者跨省租赁渔业船舶的,还应当经出租人和承租人双方所在地省级人民政府渔业行政主管部门同意后报农业部批准。

(5)渔业船舶已设定抵押权的,提供抵押权人同意出租该渔业船舶的证明文件。

(6)农业部规定的其他材料。

登记机关准予登记的,应当将租赁情况载入渔业船舶所有权登记证书和国籍证书,并向出租人和承租人核发渔业船舶租赁登记证书各一份。

3. 中国籍渔业船舶以光船条件出租到境外的,出租人应当持本办法第六部分第2款(2)(3)(5)(6)项规定的文件,向船籍港登记机关申请办理光船租赁登记。捕捞渔船和捕捞辅助船还应当提供省级以上人民政府渔业行政主管部门出具的渔业捕捞许可证暂存证明。

登记机关准予登记的,应当中止该渔业船舶国籍,封存渔业船舶国籍证书和航行签证簿,将租赁情况载入渔业船舶所有权登记证书和国籍证书,并向出租人核发渔业船舶租赁登记证书和渔业船舶国籍中止证明书。

4. 中国籍公民或法人以光船条件租进境外渔业船舶的,承租人应当填写渔业船舶租赁登记申请表,向所在地省级登记机关申请办理光船租赁登记,并提交下列材料:

(1)承租人的户口簿或企业法人营业执照;

(2)租赁合同;

(3)国家渔业船舶检验机构签发的渔业船舶检验证书或检验报告;

(4)境外登记机关出具的中止或注销该船国籍的文件,或者将于重新登记时立即中止或注销船舶国籍的文件;

(5)农业部批准租进的文件;

(6)农业部规定的其他材料。

登记机关准予登记的,应当向承租人核发渔业船舶租赁登记证书,并将租赁登记内容载入临时渔业船舶国籍证书。

七、注销和变更

1. 下列登记事项发生变更的,渔业船舶所有人应当向原登记机关申请变更登记:

(1)船名;

(2)船舶主尺度、吨位或船舶种类;

(3)船舶主机类型、数量或功率;

(4)船舶所有人姓名、名称或地址(船舶所有权发生转移的除外);

(5)船舶共有情况;

(6)船舶抵押合同、租赁合同(解除合同的除外)。

2. 渔业船舶所有人申请变更登记,应当填写渔业船舶变更登记申请表,并提交下列材料:

(1)渔业船舶所有人的户口簿或企业法人营业执照。

(2)渔业船舶所有权登记证书、渔业船舶国籍证书、渔业船舶检验证书和航行签证簿。

(3)变更登记证明材料:

① 船名变更的,提交渔业船舶船名核定书。

② 更新改造捕捞渔船和捕捞辅助船的,提交渔业船网工具指标批准书。

③ 渔业船舶所有人姓名、名称或地址变更的,提交公安部门或者工商行政管理部门核发的变更证明文件。

④ 船舶抵押合同变更的,提交抵押合同及补充协议和抵押权登记证书;船舶租赁合同变更的,提交租赁合同及补充协议和租赁登记证书。

⑤ 船舶共有情况变更的,提交共有协议和共有各方同意变更的书面证明。

(4)农业部规定的其他材料。

登记机关受理变更登记申请,经审查发现申请变更事项将导致登记机关发生变更的,应当书面通知渔业船舶所有人向有权机关申请办理渔业船舶登记,并将船舶登记档案转交给有权机关。

登记机关准予变更登记的,应当换发相关证书,并收回、注销原有证书。换发的证书有效期不变。

3. 渔业船舶有下列情形之一的,渔业船舶所有人应当向登记机关申请办理渔业船舶所有权注销登记:

(1)所有权转移的;

(2)灭失或失踪满六个月的;

(3)拆解或销毁的;

(4)自行终止渔业生产活动的。

4. 渔业船舶所有人申请注销登记,应当填写渔业船舶注销登记申请表,并提交下列材料:

(1)渔业船舶所有人的户口簿或企业法人营业执照。

(2)渔业船舶所有权登记证书、国籍证书和航行签证簿。因证书灭失无法交回的,应当提交书面说明和在当地报纸上公告声明的证明材料。

(3)捕捞渔船和捕捞辅助船的捕捞许可证注销证明。

(4)注销登记证明材料:

① 渔业船舶所有权转移的,提交渔业船舶买卖协议或所有权转移的其他法律文件;

② 渔业船舶灭失或失踪六个月以上的,提交有关渔港监督机构出具的证明文件;

③ 渔业船舶拆解或销毁的,提交有关渔业行政主管部门出具的渔业船舶拆解、销毁或处理证明;

④ 渔业船舶已办理抵押权登记或租赁登记的,提交相应登记注销证明书;

⑤ 自行终止渔业生产活动的,提交不再从事渔业生产活动的书面声明。

(5)农业部规定的其他材料。

登记机关准予注销登记的,应当收回前渔业船舶所有权登记证书、国籍证书和航行签证簿,并向渔业船舶所有人出具渔业船舶注销登记证明书。

登记机关在注销渔业船舶所有权登记时,应当同时注销该渔业船舶国籍。

5. 渔业船舶所有权因依法拍卖和法院生效判决发生转移，但原所有人未申请注销的，依法取得该渔业船舶所有权的所有人可以向登记机关申请注销所有权登记。登记机关经审查准予注销登记的，应当向申请人出具渔业船舶注销登记证明书。

渔业船舶灭失或失踪、拆解或销毁的，依法取得渔业船舶相关权利的权利人可以依照前款规定向登记机关申请注销登记。

登记机关准予注销渔业船舶所有权登记和国籍的，应当予以公告。

6. 有下列情形之一的，登记机关可直接注销该渔业船舶国籍：

（1）国籍证书有效期满未延续的；

（2）渔业船舶检验证书有效期满未依法延续的；

（3）以贿赂、欺骗等不正当手段取得渔业船舶国籍的；

（4）依法应当注销的其他情形。

7. 已经办理注销登记的灭失或失踪的渔业船舶，经打捞或寻找，原船恢复后，渔业船舶所有人应当书面说明理由，持有关证明文件，依照本办法向原登记机关重新申请办理渔业船舶登记。

8. 船舶抵押合同解除，抵押权人和抵押人应当填写渔业船舶抵押权注销登记申请表，持渔业船舶所有权登记证书、渔业船舶抵押权登记证书、经抵押权人签字的解除抵押合同的文件和双方身份证明文件，向登记机关申请办理船舶抵押权注销登记。

登记机关准予注销登记的，应当注销其在渔业船舶所有权登记证书上的抵押登记记录，收回渔业船舶抵押权登记证书，存入该船登记档案。

9. 中国籍渔业船舶以光船条件出租给中国籍公民或法人的光船租赁合同期满或光船租赁关系终止，出租人和承租人应当自光船租赁合同期满或光船租赁关系终止之日起三十日内，填写渔业船舶租赁登记注销申请表，向登记机关申请办理光船租赁注销登记，并提交下列材料：

（1）渔业船舶所有权登记证书、国籍证书；

（2）渔业船舶租赁登记证书；

（3）光船租赁合同或者终止光船租赁关系的证明文件；

（4）捕捞渔船和捕捞辅助船的捕捞许可证注销证明；

（5）农业部规定的其他材料。

登记机关准予注销登记的，应当注销渔业船舶所有权登记证书和国籍证书上的光船租赁登记记录，收回渔业船舶租赁登记证书，向出租人、承租人分别出具渔业船舶租赁登记注销证明书。

10. 中国籍渔业船舶以光船条件出租到境外的光船租赁合同期满或光船租赁关系终止，出租人应当自光船租赁合同期满或光船租赁关系终止之日起三十日内，填写渔业船舶租赁登记注销申请表，向登记机关申请办理光船租赁注销登记，并提交下列材料：

（1）渔业船舶所有权登记证书；

（2）渔业船舶租赁登记证书；

（3）光船租赁合同或者终止光船租赁关系的证明文件；

（4）境外登记机关出具的国籍登记注销证明书或者将于重新登记时立即注销船舶国籍的证明书；

（5）农业部规定的其他材料。

登记机关准予注销登记的,应当注销渔业船舶所有权登记证书和国籍证书上的光船租赁登记记录,收回渔业船舶租赁登记证书,向出租人出具渔业船舶租赁登记注销证明书,并发还封存的渔业船舶国籍证书和航行签证簿,依法恢复该船国籍。

11. 中国籍公民或法人以光船租赁条件从境外租进渔业船舶的光船租赁合同期满或光船租赁关系终止,承租人应当自光船租赁合同期满或光船租赁关系终止之日起三十日内,填写渔业船舶租赁登记注销申请表,向登记机关申请办理光船租赁注销登记,并提交下列材料:

(1)渔业船舶租赁登记证书;

(2)光船租赁合同或者终止光船租赁关系的证明文件;

(3)临时渔业船舶国籍证书和航行签证簿;

(4)捕捞渔船和捕捞辅助船的捕捞许可证注销证明;

(5)农业部规定的其他材料。

登记机关准予注销登记的,应当注销该光船租赁登记记录,收回临时渔业船舶国籍证书和渔业船舶租赁登记证书,向承租人出具渔业船舶租赁登记注销证明书。

八、证书换发和补发

1. 渔业船舶所有人应当在渔业船舶国籍证书有效期届满三个月前,持渔业船舶国籍证书和渔业船舶检验证书到登记机关申请换发国籍证书。渔业船舶登记证书污损不能使用的,渔业船舶所有人应当持原证书向登记机关申请换发。

2. 渔业船舶登记相关证书、证明遗失或者灭失的,渔业船舶所有人应当在当地报纸上公告声明,并自公告发布之日起十五日后凭有关证明材料向登记机关申请补发证书、证明。

申请补发渔业船舶国籍证书期间需要航行作业的,渔业船舶所有人可以向原登记机关申请办理有效期不超过一个月的临时渔业船舶国籍证书。

3. 渔业船舶国籍证书在境外遗失、灭失或者损坏的,渔业船舶所有人应当向中华人民共和国驻外使(领)馆申请办理临时渔业船舶国籍证书,并同时向原登记机关申请补发渔业船舶国籍证书。

九、监督管理

1. 县级以上人民政府渔业行政主管部门应当加强渔业船舶登记管理信息系统建设,建立健全渔业船舶数据库,提高渔业船舶登记管理和服务水平,保障渔业船舶当事人合法权益。

2. 登记机关应当建立渔业船舶登记档案。

渔业船舶所有权、国籍登记注销后,登记档案应当保存不少于五年。

3. 禁止涂改、伪造、变造、转让渔业船舶登记证书。

有前款情形的,渔业船舶登记证书无效。

4. 违反本办法规定的,依照有关法律、行政法规和规章进行处罚。

十、附则

1. 本办法所称渔业船舶,系指《中华人民共和国渔港水域交通安全管理条例》第四条规定的渔业船舶。

2. 港澳流动渔船的登记备案，按照农业部有关港澳流动渔船管理的规定执行。

3. 渔业船舶登记费的收取、使用和管理，按照国家有关规定执行。

4. 渔业船舶船名核定书、渔业船舶登记簿、渔业船舶所有权登记证书、渔业船舶国籍证书、临时渔业船舶国籍证书、渔业船舶抵押权登记证书、渔业船舶租赁登记证书、渔业船舶注销或中止证明书由农业部统一印制。

渔业船舶登记申请表由各省、自治区、直辖市登记机关按农业部规定的统一格式印制。

5. 各省、自治区、直辖市人民政府渔业行政主管部门可依据本办法，结合本地实际情况，制定实施办法，报农业部备案。

船长在十二米以下的小型渔业船舶的登记程序可适当简化，具体办法由各省、自治区、直辖市人民政府渔业行政主管部门在制定实施办法时规定。

第九节　中华人民共和国渔业捕捞许可管理规定

为了保护、合理利用渔业资源，控制捕捞强度，维护渔业生产秩序，保障渔业生产者的合法权益，根据《中华人民共和国渔业法》制定了《中华人民共和国渔业捕捞许可管理规定》（农业农村部令 2018 年第 1 号），该规定自 2019 年 1 月 1 日起施行。原农业部 2002 年 8 月 23 日发布，2004 年 7 月 1 日、2007 年 11 月 8 日和 2013 年 12 月 31 日修订的《渔业捕捞许可管理规定》同时废止。

主要内容包括：

一、总则

1. 中华人民共和国的公民、法人和其他组织从事渔业捕捞活动，以及外国人、外国渔业船舶在中华人民共和国领域及管辖的其他水域从事渔业捕捞活动，应当遵守本规定。

中华人民共和国缔结的条约、协定另有规定的，按条约、协定执行。

2. 国家对捕捞业实行船网工具控制指标管理，实行捕捞许可证制度和捕捞限额制度。

3. 渔业捕捞许可证、船网工具指标等证书文件的审批实行签发人负责制，相关证书文件经签发人签字并加盖公章后方为有效。

4. 农业农村部主管全国渔业捕捞许可管理和捕捞能力总量控制工作。

5. 县级以上人民政府渔业主管部门应当在其办公场所和网上办理平台，公布船网工具指标、渔业捕捞许可证审批的条件、程序、期限以及需要提交的全部材料目录和申请书示范文本等事项。

6. 县级以上人民政府渔业主管部门应当加强渔船和捕捞许可管理信息系统建设。

二、船网工具指标

1. 海洋渔船按船长分为以下三类：

(1)海洋大型渔船:船长大于或者等于 24 米;

(2)海洋中型渔船:船长大于或者等于 12 米且小于 24 米;

(3)海洋小型渔船:船长小于 12 米。

内陆渔船的分类标准由各省、自治区、直辖市人民政府渔业主管部门制定。

2. 国内海洋大中型捕捞渔船的船网工具控制指标由农业农村部确定并报国务院批准后,向有关省、自治区、直辖市下达。国内海洋小型捕捞渔船的船网工具控制指标由省、自治区、直辖市人民政府依据其渔业资源与环境承载能力、资源利用状况、渔民传统作业情况等确定,报农业农村部批准后下达。

3. 制造、更新改造、购置、进口海洋捕捞渔船,应当经有审批权的人民政府渔业主管部门在国家或者省、自治区、直辖市下达的船网工具控制指标内批准,并取得渔业船网工具指标批准书。

4. 申请海洋捕捞渔船船网工具指标,应当向户籍所在地、法人或非法人组织登记地县级以上人民政府渔业主管部门提出,提交渔业船网工具指标申请书、申请人户口簿或者营业执照,以及申请人所属渔业组织出具的意见,并按以下情况提供资料:

(1)制造海洋捕捞渔船的,提供经确认符合船机桨匹配要求的渔船建造设计图纸。

(2)购置海洋捕捞渔船的提供:

①被购置渔船的渔业船舶检验证书、渔业船舶国籍证书和所有权登记证书;

②被购置渔船的渔业捕捞许可证注销证明;

③渔业船网工具指标转移证明;

④渔船交易合同;

⑤出售方户口簿或者营业执照。

(3)更新改造海洋捕捞渔船的提供:

①渔业船舶检验证书、渔业船舶国籍证书和所有权登记证书;

②渔业捕捞许可证注销证明。

(4)进口海洋捕捞渔船的,提供进口理由、旧渔业船舶进口技术评定书。

(5)申请制造、购置、更新改造、进口远洋渔船的,除分别按照第一项、第二项、第三项、第四项规定提供相应资料外,应当提供远洋渔业项目可行性研究报告;到他国管辖海域作业的远洋渔船,还应当提供与外方的合作协议或有关当局同意入渔的证明。但是,申请购置和更新改造的远洋渔船,不需提供渔业捕捞许可证注销证明。

(6)购置并制造、购置并更新改造、进口并更新改造海洋捕捞渔船的,同时按照制造、更新改造和进口海洋捕捞渔船的要求提供相关材料。

5. 下列海洋捕捞渔船的船网工具指标,向省级人民政府渔业主管部门申请。省级人民政府渔业主管部门应当按照规定进行审查,并将审查意见和申请人的全部申请材料报农业农村部审批:

(1)远洋渔船;

(2)因特殊需要,超过国家下达的省、自治区、直辖市渔业船网工具控制指标的渔船;

(3)其他依法应由农业农村部审批的渔船。

6. 除上述第 5 条规定情况外,制造或者更新改造国内海洋大中型捕捞渔船的船网工具指标,由省级人民政府渔业主管部门审批。

7. 制造、更新改造国内海洋捕捞渔船的，应当在本省、自治区、直辖市渔业船网工具控制指标范围内，通过淘汰旧捕捞渔船解决，船数和功率数应当分别不超过淘汰渔船的船数和功率数。国内海洋大中型捕捞渔船和小型捕捞渔船的船网工具指标不得相互转换。

8. 渔船灭失、拆解、销毁的，原船舶所有人可自渔船灭失、拆解、销毁之日起 12 个月内，按本规定申请办理渔船制造或更新改造手续；逾期未申请的，视为自行放弃，由渔业主管部门收回船网工具指标。渔船灭失依法需要调查处理的，调查处理所需时间不计算在此规定期限内。

9. 申请人应当凭渔业船网工具指标批准书办理渔船制造、更新改造、购置或进口手续，并申请渔船检验、登记，办理渔业捕捞许可证。审批机关应当同时在渔业船网工具指标批准书上记载办理情况。

10. 渔业船网工具指标批准书在有效期内遗失或者灭失的，船舶所有人应当在 1 个月内向原审批机关说明遗失或者灭失的时间、地点和原因等情况，由原审批机关在其官方网站上发布声明，自公告声明发布之日起 15 日后，船舶所有人可向原审批机关申请补发渔业船网工具指标批准书。补发的渔业船网工具指标批准书有效期限不变。

11. 因继承、赠与、法院判决、拍卖等发生海洋渔船所有权转移的，参照购置海洋捕捞渔船的规定申请办理船网工具指标和渔业捕捞许可证。依法拍卖的，竞买人应当具备规定的条件。

12. 有下列情形之一的，不予受理海洋渔船的渔业船网工具指标申请；已经受理的，不予批准：

(1)渔船数量或功率数超过船网工具控制指标的；

(2)从国外或香港、澳门、台湾地区进口，或以合作、合资等方式引进捕捞渔船在我国管辖水域作业的；

(3)制造拖网、单锚张纲张网、单船大型深水有囊围网(三角虎网)作业渔船的；

(4)户籍登记为一户的申请人已有两艘以上小型捕捞渔船，申请制造、购置的；

(5)除专业远洋渔船外，申请人户籍所在地、法人或非法人组织登记地为非沿海县(市)的，或者企业法定代表人户籍所在地与企业登记地不一致的；

(6)违反本规定第十四条第一款、第二款规定，以及不符合有关法律、法规、规章规定和产业发展政策的。

三、渔业捕捞许可证

1. 在中华人民共和国管辖水域从事渔业捕捞活动，以及中国籍渔船在公海从事渔业捕捞活动，应当经审批机关批准并领取渔业捕捞许可证，按照渔业捕捞许可证核定的作业类型、场所、时限、渔具数量和规格、捕捞品种等作业。对已实行捕捞限额管理的品种或水域，应当按照规定的捕捞限额作业。

禁止在禁渔区、禁渔期、自然保护区从事渔业捕捞活动。

渔业捕捞许可证应当随船携带，徒手作业的应当随身携带，妥善保管，并接受渔业行政执法人员的检查。

2. 渔业捕捞许可证分为下列八类：

(1)海洋渔业捕捞许可证，适用于许可中国籍渔船在我国管辖海域的捕捞作业。

(2)公海渔业捕捞许可证，适用于许可中国籍渔船在公海的捕捞作业。国际或区域渔业管理组织有特别规定的，应当同时遵守有关规定。

（3）内陆渔业捕捞许可证，适用于许可在内陆水域的捕捞作业。

（4）专项（特许）渔业捕捞许可证，适用于许可在特定水域、特定时间或对特定品种的捕捞作业，或者使用特定渔具或捕捞方法的捕捞作业。

（5）临时渔业捕捞许可证，适用于许可临时从事捕捞作业和非专业渔船临时从事捕捞作业。

（6）休闲渔业捕捞许可证，适用于许可从事休闲渔业的捕捞活动。

（7）外国渔业捕捞许可证，适用于许可外国船舶、外国人在我国管辖水域的捕捞作业。

（8）捕捞辅助船许可证，适用于许可为渔业捕捞生产提供服务的渔业捕捞辅助船，从事捕捞辅助活动。

3. 渔业捕捞许可证核定的作业类型分为刺网、围网、拖网、张网、钓具、耙刺、陷阱、笼壶、地拉网、敷网、抄网、掩罩等共 12 种。核定作业类型最多不得超过两种，并应当符合渔具准用目录和技术标准，明确每种作业类型中的具体作业方式。拖网、张网不得互换且不得与其他作业类型兼作，其他作业类型不得改为拖网、张网作业。

捕捞辅助船不得从事捕捞生产作业，其携带的渔具应当捆绑、覆盖。

4. 渔业捕捞许可证核定的海洋捕捞作业场所分为以下四类：

A 类渔区：黄海、渤海、东海和南海等海域机动渔船底拖网禁渔区线向陆地一侧海域；

B 类渔区：我国与有关国家缔结的协定确定的共同管理渔区、南沙海域、黄岩岛海域及其他特定渔业资源渔场和水产种质资源保护区；

C 类渔区：渤海、黄海、东海、南海及其他我国管辖海域中除 A 类、B 类渔区之外的海域。其中，黄渤海区为 C1、东海区为 C2、南海区为 C3；

D 类渔区：公海。

内陆水域捕捞作业场所按具体水域核定，跨行政区域的按该水域在不同行政区域的范围进行核定。

海洋捕捞作业场所要明确核定渔区的类别和范围，其中 B 类渔区要明确核定渔区、渔场或保护区的具体名称。公海要明确海域的名称。内陆水域作业场所要明确具体的水域名称及其范围。

5. 渔业捕捞许可证的作业场所核定权限如下：

（1）农业农村部：A 类、B 类、C 类、D 类渔区和内陆水域。

（2）省级人民政府渔业主管部门：在海洋为本省、自治区、直辖市范围内的 A 类渔区，农业农村部授权的 B 类渔区、C 类渔区。在内陆水域为本省、自治区、直辖市行政管辖水域。

（3）市、县级人民政府渔业主管部门：由省级人民政府渔业主管部门在其权限内规定并授权。

6. 国内海洋大中型渔船捕捞许可证的作业场所应当核定在海洋 B 类、C 类渔区，国内海洋小型渔船捕捞许可证的作业场所应当核定在海洋 A 类渔区。因传统作业习惯需要，经作业水域所在地审批机关批准，海洋大中型渔船捕捞许可证的作业场所可核定在海洋 A 类渔区。

作业场所核定在 B 类、C 类渔区的渔船，不得跨海区界限作业，但我国与有关国家缔结的协定确定的共同管理渔区跨越海区界限的除外。作业场所核定在 A 类渔区或内陆水域的渔船，不得跨省、自治区、直辖市管辖水域界限作业。

7. 专项(特许)渔业捕捞许可证应当与海洋渔业捕捞许可证或内陆渔业捕捞许可证同时使用,但因教学、科研等特殊需要,可单独使用专项(特许)渔业捕捞许可证。在 B 类渔区捕捞作业的,应当申请核发专项(特许)渔业捕捞许可证。

8. 渔业捕捞许可证的申请人应当是船舶所有人。

徒手作业的,渔业捕捞许可证的申请人应当是作业人本人。

9. 申请渔业捕捞许可证,申请人应当向户籍所在地、法人或非法人组织登记地县级以上人民政府渔业主管部门提出申请,并提交下列资料:

(1)渔业捕捞许可证申请书;

(2)船舶所有人户口簿或者营业执照;

(3)渔业船舶检验证书、渔业船舶国籍证书和所有权登记证书,徒手作业的除外;

(4)渔具和捕捞方法符合渔具准用目录和技术标准的说明。

申请海洋渔业捕捞许可证,除提供第 1 款规定的资料外,还应提供:

(1)申请人所属渔业组织出具的意见;

(2)首次申请和重新申请捕捞许可证的,提供渔业船网工具指标批准书;

(3)申请换发捕捞许可证的,提供原捕捞许可证。

申请公海渔业捕捞许可证,除提供第 1 款规定的资料外,还需提供:

(1)农业农村部远洋渔业项目批准文件;

(2)首次申请和重新申请的,提供渔业船网工具指标批准书;

(3)非专业远洋渔船需提供海洋渔业捕捞许可证暂存的凭据。

申请专项(特许)渔业捕捞许可证,除提供第 1 款规定的资料外,还应提供海洋渔业捕捞许可证或内陆渔业捕捞许可证。其中,申请到 B 类渔区作业的专项(特许)渔业捕捞许可证的,还应当依据有关管理规定提供申请材料;申请在禁渔区或者禁渔期作业的,还应当提供作业事由和计划;承担教学、科研等项目租用渔船的,还应提供项目计划、租用协议。

科研、教学单位的专业科研调查船、教学实习船申请专项(特许)渔业捕捞许可证,除提供第 1 款规定的资料外,还应提供科研调查、教学实习任务书或项目可行性报告。

10. 下列作业渔船的渔业捕捞许可证,向船籍港所在地省级人民政府渔业主管部门申请。省级人民政府渔业主管部门应当审核并报农业农村部批准发放:

(1)到公海作业的;

(2)到我国与有关国家缔结的协定确定的共同管理渔区及南沙海域、黄岩岛海域作业的;

(3)到特定渔业资源渔场、水产种质资源保护区作业的;

(4)科研、教学单位的专业科研调查船、教学实习船从事渔业科研、教学实习活动的;

(5)其他依法应当由农业农村部批准发放的。

11. 下列作业的捕捞许可证,由省级人民政府渔业主管部门批准发放:

(1)海洋大型拖网、围网渔船作业的;

(2)因养殖或者其他特殊需要,捕捞农业农村部颁布的有重要经济价值的苗种或者禁捕的怀卵亲体的;

(3)因教学、科研等特殊需要,在禁渔区、禁渔期从事捕捞作业的。

12. 因传统作业习惯或科研、教学及其他特殊情况,需要跨越本规定第二十五条第二款规定的界限从事捕捞作业的,由申请人所在地县级以上地方人民政府渔业主管部门审核同意后,报作业水域所在地审批机关批准发放。

13. 除本规定第二十九条、第三十条、第三十一条情况外，其他作业的渔业捕捞许可证由县级以上地方人民政府渔业主管部门审批发放。

14. 除专业远洋渔船外，申请渔业捕捞许可证，企业法定代表人户籍所在地与企业登记地不一致的；申请海洋渔业捕捞许可证，申请人户籍所在地、法人或非法人组织登记地为非沿海县(市)的，不予受理；已经受理的，不予批准。

15. 从事钓具、灯光围网作业渔船的子船与其主船(母船)使用同一本渔业捕捞许可证。

16. 海洋渔业捕捞许可证和内陆渔业捕捞许可证的使用期限为 5 年。其他种类渔业捕捞许可证的使用期限根据实际需要确定，但最长不超过 3 年。

使用达到农业农村部规定的老旧渔业船舶船龄的渔船从事捕捞作业的，发证机关核发其渔业捕捞许可证时，证书使用期限不得超过渔业船舶检验证书记载的有效期限。

17. 渔业捕捞许可证使用期届满，或者在有效期内有下列情形之一的，应当按规定申请换发渔业捕捞许可证：

(1)因行政区划调整导致船名变更、船籍港变更的；

(2)作业场所、作业方式变更的；

(3)船舶所有人姓名、名称或地址变更的，但渔船所有权发生转移的除外；

(4)渔业捕捞许可证污损不能使用的。

渔业捕捞许可证使用期届满的，船舶所有人应当在使用期届满前 3 个月内，向原发证机关申请换发捕捞许可证。发证机关批准换发渔业捕捞许可证时，应当收回原渔业捕捞许可证，并予以注销。

18. 在渔业捕捞许可证有效期内有下列情形之一的，应当重新申请渔业捕捞许可证：

(1)渔船作业类型变更的；

(2)渔船主机、主尺度、总吨位变更的；

(3)因购置渔船发生所有人变更的；

(4)国内现有捕捞渔船经审批转为远洋捕捞作业的。

有前款第一项、第二项、第三项情形的，还应当办理原渔业捕捞许可证注销手续。

19. 渔业捕捞许可证遗失或者灭失的，船舶所有人应当在 1 个月内向原发证机关说明遗失或者灭失的时间、地点和原因等情况，由原发证机关在其官方网站上发布声明，自公告声明发布之日起 15 日后，船舶所有人可向原发证机关申请补发渔业捕捞许可证。补发的渔业捕捞许可证使用期限不变。

20. 有下列情形之一的，渔业捕捞许可证失效，发证机关应当予以注销：

(1)渔业捕捞许可证、渔业船舶检验证书或者渔业船舶国籍证书有效期届满未依法延续的；

(2)渔船灭失、拆解或销毁的，或者因渔船损毁且渔业捕捞许可证灭失的；

(3)不再从事渔业捕捞作业的；

(4)渔业捕捞许可证依法被撤销、撤回或者吊销的；

(5)以贿赂、欺骗等不正当手段取得渔业捕捞许可证的；

(6)依法应当注销的其他情形。

有前款第一项、第三项规定情形的，发证机关应当事先告知当事人。有前款第二项规定情形的,应当由船舶所有人提供相关证明。

渔业捕捞许可证注销后 12 个月内未按规定重新申请办理的,视为自行放弃,由渔业主管部门收回船网工具指标,更新改造渔船注销捕捞许可证的除外。

21. 使用期一年以上的渔业捕捞许可证实行年审制度,每年审验一次。

渔业捕捞许可证的年审工作由发证机关负责,也可由发证机关委托申请人户籍所在地、法人或非法人组织登记地的县级以上地方人民政府渔业主管部门负责。

22. 同时符合下列条件的,为年审合格,由审验人签字,注明日期,加盖公章:

(1)具有有效的渔业船舶检验证书和渔业船舶国籍证书,船舶所有人和渔船主尺度、主机功率、总吨位未发生变更,且与渔业船舶证书载明的一致;

(2)渔船作业类型、场所、时限、渔具数量与许可内容一致;

(3)按规定填写和提交渔捞日志,未超出捕捞限额指标(对实行捕捞限额管理的渔船);

(4)按规定缴纳渔业资源增殖保护费;

(5)按规定履行行政处罚决定;

(6)其他条件符合有关规定。

年审不合格的,由渔业主管部门责令船舶所有人限期改正,可以再审验一次。再次审验合格的,渔业捕捞许可证继续有效。

四、监督管理

1. 渔业船网工具指标批准书、渔业船网工具指标申请不予许可决定书、渔业捕捞许可证、渔业捕捞许可证注销证明、渔业船舶拆解销毁或处理证明、渔业船舶灭失证明、渔业船网工具指标转移证明等证书文件,由农业农村部规定样式并统一印制。

渔业船网工具指标申请书、渔业船网工具指标申请审核变更说明、渔业捕捞许可证申请书、渔业捕捞许可证注销申请表、渔捞日志等,由县级以上人民政府渔业主管部门按照农业农村部规定的统一格式印制。

2. 县级以上人民政府渔业主管部门应当逐船建立渔业船网工具指标审批和渔业捕捞许可证核发档案。

渔业船网工具指标批准书使用和渔业捕捞许可证被注销后,其核发档案应当保存至少 5 年。

3. 签发人实行农业农村部和省级人民政府渔业主管部门报备制度,县级以上人民政府渔业主管部门应推荐一至两人为签发人。

省级人民政府渔业主管部门负责备案公布本省、自治区、直辖市县级以上地方人民政府渔业主管部门的签发人,农业农村部负责备案公布省、自治区、直辖市渔业主管部门的签发人。

4. 签发人越权、违规签发,或擅自更改渔业船网工具指标和渔业捕捞许可证书证件,或有其他玩忽职守、徇私舞弊等行为的,视情节对有关签发人给予警告、通报批评、暂停或取消签发人资格等处分;签发人及其所在单位应依法承担相应责任。

越权、违规签发或擅自更改的证书证件由其签发人所在单位的上级机关撤销,由原发证机关注销。

5. 禁止涂改、伪造、变造、买卖、出租、出借或以其他形式转让渔业船网工具指标批准书和渔业捕捞许可证。

6. 有下列情形之一的,为无效渔业捕捞许可证:

(1)逾期未年审或年审不合格的;

(2)证书载明的渔船主机功率与实际功率不符的;

(3)以欺骗或者涂改、伪造、变造、买卖、出租、出借等非法方式取得的;

(4)被撤销、注销的。

使用无效的渔业捕捞许可证或者在检查时不能提供渔业捕捞许可证,从事渔业捕捞活动的,视为无证捕捞。

涂改、伪造、变造、买卖、出租、出借或以其他形式转让的渔业船网工具指标批准书,为无效渔业船网工具指标批准书,由批准机关予以注销,并核销相应船网工具指标。

7. 依法被没收渔船的,海洋大中型捕捞渔船的船网工具指标由农业农村部核销,其他渔船的船网工具指标由省、自治区、直辖市人民政府渔业主管部门核销。

8. 依法被列入失信被执行人的,县级以上人民政府渔业主管部门应当对其渔业船网工具指标、捕捞许可证的申请按规定予以限制,并冻结失信被执行人及其渔船在全国渔船动态管理系统中的相关数据。

9. 海洋大中型渔船从事捕捞活动应当填写渔捞日志,渔捞日志应当记载渔船捕捞作业、进港卸载渔获物、水上收购或转运渔获物等情况。其他渔船渔捞日志的管理由省、自治区、直辖市人民政府规定。

10. 国内海洋大中型渔船应当在返港后向港口所在地县级人民政府渔业主管部门或其指定的机构或渔业组织提交渔捞日志。公海捕捞作业渔船应当每月向农业农村部或其指定机构提交渔捞日志。使用电子渔捞日志的,应当每日提交。

11. 船长应当对渔捞日志记录内容的真实性、正确性负责。

禁止在 A 类渔区转载渔获物。

12. 未按规定提交渔捞日志或者渔捞日志填写不真实、不规范的,由县级以上人民政府渔业主管部门或其所属的渔政监督管理机构给予警告,责令改正;逾期不改正的,可以处 1000 元以上 1 万元以下罚款。

13. 违反本规定的其他行为,依照《中华人民共和国渔业法》或其他有关法律法规规章进行处罚。

五、附则

1. 本规定有关用语(部分)的定义如下:

(1)渔业捕捞活动:捕捞或准备捕捞水生生物资源的行为,以及为这种行为提供支持和服务的各种活动。在尚未管理的滩涂或水域手工零星采集水产品的除外。

(2)渔船:《中华人民共和国渔港水域交通安全管理条例》规定的渔业船舶。

(3)船长:《渔业船舶国籍证书》中所载明的船长。

(4)捕捞渔船:从事捕捞活动的生产船。

(5)捕捞辅助船:渔获物运销船、冷藏加工船、渔用物资和燃料补给船等为渔业捕捞生产提供服务的船舶。

(6)非专业渔船:从事捕捞活动的教学、科研调查船,特殊用途渔船,用于休闲捕捞活动的专业旅游观光船等船舶。

(7)远洋渔船:在公海或他国管辖海域作业的捕捞渔船和捕捞辅助船,包括专业远洋渔船和非专业远洋渔船。专业远洋渔船,指专门用于在公海或他国管辖海域作业的捕捞渔船和捕捞辅助船;非专业远洋渔船,指具有国内有效的渔业捕捞许可证,转产到公海或他国管辖海域作业的捕捞渔船和捕捞辅助船。

(8)船网工具控制指标:渔船的数量及其主机功率数值、网具或其他渔具的数量的最高限额。

(9)船网工具指标:渔船的主机功率数值、网具或其他渔具的数额。

(10)制造渔船:新建造渔船,包括旧船淘汰后再建造渔船。

2. 香港、澳门特别行政区持有广东省户籍的流动渔船的船网工具指标和捕捞许可证管理,按照农业农村部有关港澳流动渔船管理的规定执行。

3. 国内捕捞辅助船的总量控制应当与本行政区域内捕捞渔船数量和规模相匹配,其船网工具指标和捕捞许可证审批按照捕捞渔船进行管理。

国内捕捞辅助船、休闲渔船和徒手作业捕捞许可管理的具体办法,由省、自治区、直辖市人民政府渔业主管部门规定。

4. 我国渔船到他国管辖水域作业,应当经农业农村部批准。

中国籍渔业船舶以光船条件出租到境外申请办理光船租赁登记和非专业远洋渔船申请办理远洋渔业项目前,应当将海洋渔业捕捞许可证交回原发证机关暂存,原发证机关应当出具暂存凭据。渔业捕捞许可证暂存期不计入渔业捕捞许可证核定的使用期限,暂存期间不需要办理年审手续。渔船回国终止光船租赁和远洋渔业项目后,凭暂存凭据领回渔业捕捞许可证。

第十节　中华人民共和国船舶进出渔港签证办法

《中华人民共和国船舶进出渔港签证办法》于1990年1月26日由农业部发布,根据1997年12月25日农业部令第39号修订。

一、总则

1. 为维护渔港正常秩序,保障渔港设施、船舶及人命、财产安全,防止污染渔港水域环境,加强进出渔港船舶的监督管理,根据《中华人民共和国海上交通安全法》、《中华人民共和国防止船舶污染海域管理条例》及《中华人民共和国渔港水域交通安全管理条例》等有关法律、行政法规,特制定本办法。

2. 凡进出渔港(含综合性港口内的渔业港区、水域、锚地和渔船停泊的自然港湾)的中国籍船舶均应遵守本办法。

3. 下列船舶可免予签证:

(1)在执行公务时的军事、公安、边防、海关、海监、渔政船等国家公务船;

(2)体育运动船;

(3)经渔港监督机关批准免予签证的其他船舶;

4. 外国籍船舶,港、澳地区船舶(含港、澳流动渔船)及台湾地区渔船,进出渔港应向渔港监督机关报告,遵守渔港管理规定;

5. 中华人民共和国渔港监督机关是依据本办法负责船舶进出渔港签证工作和对渔业船舶实施安全检查的主管机关。

二、签证办法

1. 船舶应在进港后24小时内(在港时间不足24小时的,应于离港前)向渔港监督机关办理进出港签证手续,并接受安全检查。签证工作一般实行进出港一次签证。渔业船舶若临时改变作业性质、出港时仍需办理出港签证。

2. 在海上连续作业时间不超过24小时的渔业船舶(包括水产养殖船),以及长度在12米以下的小型渔业船舶,可以向所在地或就近渔港的渔港监督机关或其派出机构办理定期签证,并接受安全检查。

3. 凡需在渔港内装卸货物的船舶,须填写《船舶进(出)港报告单》一式两份(一份存签证机关,一份存本船)。

4. 装运危险物品进港的船舶,应在抵港前3天(航程不足3天者,应在驶离发出港前)直接或通过代理人,向所进港口的渔港监督机关报告所装物品的名称、数量、性质、包装情况和进港时间,经批准后,方可进港,并在指定地点停泊和作业。

5. 凡需要在渔港内装载危险货物的船舶,应在装船前两天向渔港监督机关申请办理《船舶装运危险物品准运单》一式四份(出港签证机关、进港签证机关、本船及托运单位各存一份)。

同时装运普通货物和危险货物的船舶须分别填报《船舶进(出)港报告单》和《船舶装运危险物品准运单》。

6. 渔港监督机关办理进出港签证,须填写《渔业船舶进出港签证登记簿》和《渔业船舶航行签证簿》备查。

三、签证条件

进出渔港的船舶须符合下列条件,方能办理签证:

(1)船舶证书(国籍证书或登记证书、船舶检验证书、航行签证簿)齐全、有效。

捕捞渔船还须有渔业捕捞许可证。

捕捞渔船临时从事载客、载货运输时,须向船舶检验部门申请临时检验,并取得有关证书。

150总吨以上的油船、400总吨以上的非油轮和主机额定功率300千瓦以上的渔业船舶,应备有油类记录簿。

从事倾倒废弃物作业的船舶,应持有国家海洋局或其派出机构的批准文件。

(2)按规定配齐船员、职务船员应持有有效的职务证书。

(3)船舶处于适航状态。各种有关航行安全的重要设施及救生、消防设备按规定配备齐全,并处于良好使用状态。装载合理,按规定标写船名、船号、船籍港和悬挂船名牌。

(4)装运危险物品的船舶,其货物名称和数量应与《船舶装运危险物品准运单》所载相符,并有相应的安全保障和预防措施，按规定显示信号。

(5)没有违反中华人民共和国法律、行政法规或港口管理规章的行为。

(6)已交付了承担的费用，或提供了适当的担保。

(7)如发生交通事故，按规定办完处理手续。

(8)根据天气预报，海上风力没有超过船舶抗风等级。

四、违章处罚

1. 未办理进出渔港签证的，或者在渔港内不服从渔政渔港监督管理机关对水域交通安全秩序管理的，由渔政渔港监督管理机关责令改正，可以并处警告、罚款；情节严重的，扣留或者吊销船长职务证书(扣留职务证书时间不得超过6个月，下同)。

罚款按以下标准执行：

(1) 对500总吨以上机动船舶处500元至1 000元；

(2) 500总吨及以下机动船舶处100元至500元；

(3) 对非机动船舶处50元以下罚款。

2. 有下列行为之一的，渔政渔港监督管理机关责令停止违法行为，可以并处警告、1 000元以下罚款；造成损失的，应当承担赔偿责任：

(1)未经渔政渔港监督管理机关批准或者未按照批准文件的规定，在渔港内装卸易燃、易爆、有毒等危险货物的；

(2)未经渔政渔港监督管理机关批准，在渔港内新建、改建、扩建各种设施或者进行其他水上、水下施工作业的；

(3)在渔港内的航道、港池、锚地和停泊区从事有碍海上交通安全的捕捞、养殖等生产活动的。

3. 未持有船舶证书或未按规定配齐船员的，处以1 000元以下罚款。

4. 不执行渔政渔港监督管理机关做出的离港、停航、改航、停止作业的决定，或者在执行中违反上述决定的，由渔政渔港监督管理机关责令改正，可以并处警告、1 000元以下罚款；情节严重的，扣留或者吊销船长职务证书。

五、附则

1. 各省、自治区、直辖市水产行政主管部门及其渔港监督机关可根据本地区的具体情况，依照本办法制定实施细则和鱼汛期签证办法，报农业部备案。

2.《渔业船舶航行签证簿》、《船舶装运危险物品准运单》、《船舶进(出)港报告单》及《渔业船舶进出港签证登记簿》的格式由农业部制定。

第十一节　中华人民共和国渔业港航监督行政处罚规定

为加强渔业船舶安全监督管理，规范渔业港航法规行政处罚，保障渔业港航法规的执行和渔业生产者的合法权益，根据《中华人民共和国海上交通安全法》、《中华人民共和国海洋环境保护法》、《中华人民共和国渔港水域交通安全管理条例》和《中华人民共和国内河交通安全管理条例》等有关法律、法规，制定本规定。

该规定于2000年5月9日经农业部第6次常务会议审议通过，2000年6月13日公布施行，共6章39条，主要内容包括：

一、总则

1. 本规定适用于中国籍渔业船舶及其船员、所有者和经营者，以及在中华人民共和国渔港和渔港水域内航行、停泊和作业的其他船舶、设施及其船员、所有者和经营者。

2. 中华人民共和国渔政渔港监督管理机关（以下简称渔政渔港监督管理机关）依据本规定行使渔业港航监督行政处罚权。

3. 渔政渔港监督管理机关对违反渔业港航法律、法规的行政处罚分为：

（1）警告；

（2）罚款；

（3）扣留或吊销船舶证书或船员证书；

（4）法律、法规规定的其他行政处罚。

4. 有下列行为之一的，可免予处罚：

（1）因不可抗力或以紧急避险为目的的行为；

（2）渔业港航违法行为显著轻微并及时纠正，没有造成危害性后果。

5. 有下列行为之一的，可从轻、减轻处罚：

（1）主动消除或减轻渔业港航违法行为后果；

（2）配合渔政渔港监督管理机关查处渔业港航违法行为；

（3）依法可以从轻、减轻的其他渔业港航违法行为。

6. 有下列行为之一的，可从重处罚：

（1）主动消除或减轻渔业港航违法行为后果；

（2）配合渔政渔港监督管理机关查处渔业港航违法行为；

（3）依法可以从轻、减轻的其他渔业港航违法行为。

7. 有下列行为之一的，可从重处罚：

（1）违法情节严重，影响较大；

（2）多次违法或违法行为造成重大损失；

（3）损失虽然不大，但事后既不向渔政渔港监督管理机关报告，又不采取措施，放任损失扩大；

（4）逃避、抗拒渔政渔港监督管理机关检查和管理；

（5）依法可以从重处罚的其他渔业港航违法行为。

8. 渔政渔港监督管理机关管辖本辖区发生的案件和上级渔政渔港监督管理机关指定管辖的渔业港航违法案件。

渔业港航违法行为有下列情况的，适用“谁查获谁处理”的原则：

（1）违法行为发生在共管区、叠区；

(2)违法行为发生在管辖权不明或有争议的区域；

(3)违法行为地与查获地不一致。

法律、法规或规章另有规定的，按规定管辖。

二、违反渔港管理的行为和处罚

1. 有下列行为之一的，对船长予以警告，并可处 50 元以上 500 元以下罚款；情节严重的，扣留其职务船员证书 3 至 6 个月；情节特别严重的，吊销船长证书：

(1)船舶进出渔港应当按照有关规定到渔政渔港监督管理机关办理签证而未办理签证的；

(2)在渔港内不服从渔政渔港监督管理机关对渔港水域交通安全秩序管理的；

(3)在渔港内停泊期间，未留足值班人员的。

2. 有下列违反渔港管理规定行为之一的，渔政渔港监督管理机关应责令其停止作业，并对船长或直接责任人予以警告，并可处 500 元以上 1 000 元以下罚款：

(1)未经渔政渔港监督管理机关批准或未按批准文件的规定，在渔港内装卸易燃、易爆、有毒等危险货物的；

(2)未经渔政渔港监督管理机关批准，在渔港内新建、改建、扩建各种设施，或者进行其他水上、水下施工作业的；

(3)在渔港内的航道、港池、锚地和停泊区从事有碍海上交通安全的捕捞、养殖等生产活动的。

3. 停泊或进行装卸作业时，有下列行为之一的，应责令船舶所有者或经营者支付消除污染所需的费用，并可处 500 元以上 10 000 元以下罚款：

(1)造成腐蚀、有毒或放射性等有害物质散落或溢漏，污染渔港或渔港水域的；

(2)排放油类或油性混合物造成渔港或渔港水域污染的。

4. 有下列行为之一的，对船长予以警告，情节严重的，并处 100 元以上 1 000 元以下罚款：

(1)未经批准，擅自使用化学消油剂；

(2)未按规定持有防止海洋环境污染的证书与文书，或不如实记录涉及污染物排放及操作。

5. 未经渔政渔港监督管理机关批准，有下列行为之一者，应责令当事责任人限期清除、纠正，并予以警告；情节严重的，处 100 元以上 1 000 元以下罚款：

(1)在渔港内进行明火作业；

(2)在渔港内燃放烟花爆竹。

6. 向渔港港池内倾倒污染物、船舶垃圾及其他有害物质，应责令当事责任人立即清除，并予以警告。情节严重的，400 总吨(含 400 总吨)以下船舶，处 5 000 元以上 50 000 元以下罚款；400 总吨以上船舶处 50 000 元以上 100 000 元以下罚款。

三、违反渔业船舶管理的行为和处罚

1. 已办理渔业船舶登记手续，但未按规定持有船舶国籍证书、船舶登记证书、船舶检验证书、船舶航行签证簿的，予以警告，责令其改正，并可处 200 元以上 1 000 元以下罚款。

2. 无有效的渔业船舶船名、船号、船舶登记证书(或船舶国籍证书)、检验证书的船舶，禁止其离港，并对船舶所有者或者经营者处船价 2 倍以下的罚款。有下列行为之一的，从重处罚:

(1)无有效的渔业船舶登记证书(或渔业船舶国籍证书)和检验证书，擅自刷写船名、船号、船籍港的;

(2)伪造渔业船舶登记证书(或国籍证书)、船舶所有权证书或船舶检验证书的;

(3)伪造事实骗取渔业船舶登记证书或渔业船舶国籍证书的;

(4)冒用他船船名、船号或船舶证书的。

3. 渔业船舶改建后，未按规定办理变更登记，应禁止其离港，责令其限期改正，并可对船舶所有者处 5 000 元以上 20 000 元以下罚款。

变更主机功率未按规定办理变更登记的，从重处罚。

4. 将船舶证书转让他船使用，一经发现，应立即收缴，对转让船舶证书的船舶所有者或经营者处 1 000 元以下罚款;对借用证书的船舶所有者或经营者处船价 2 倍以下罚款。

5. 使用过期渔业船舶登记证书或渔业船舶国籍证书的，登记机关应通知船舶所有者限期改正，过期不改的，责令其停航，并对船舶所有者或经营者处 1 000 元以上 10 000 元以下罚款。

6. 有下列行为之一的，责令其限期改正，对船舶所有者或经营者处 200 元以上 1 000 元以下罚款:

(1)未按规定标写船名、船号、船籍港，没有悬挂船名牌的;

(2)在非紧急情况下，未经渔政渔港监督管理机关批准，滥用烟火信号、信号枪、无线电设备、号笛及其他遇险求救信号的;

(3)没有配备、不正确填写或污损、丢弃航海日志、轮机日志的。

7. 未按规定配备救生、消防设备，责令其在离港前改正，逾期不改的，处 200 元以上 1 000 元以下罚款。

8. 未按规定配齐职务船员，责令其限期改正，对船舶所有者或经营者并处 200 元以上 1 000 元以下罚款。

普通船员未取得专业训练合格证或基础训练合格证的，责令其限期改正，对船舶所有者或经营者并处 1 000 元以下罚款。

9. 有下列行为之一的，对船长或直接责任人处 200 元以上 1 000 元以下罚款:

(1)未经渔政渔港监督管理机关批准，违章装载货物且影响船舶适航性能的;

(2)未经渔政渔港监督管理机关批准违章载客的;

(3)超过核定航区航行和超过抗风等级出航的。

违章装载危险货物的，应当从重处罚。

10. 对拒不执行渔政渔港监督管理机关作出的离港、禁止离港、停航、改航、停止作业等决定的船舶，可对船长或直接责任人并处 1 000 元以上 10 000 元以下罚款、扣留或吊销船长职务证书。

四、违反渔业船员管理的行为和处罚

1. 冒用、租借他人或涂改职务船员证书、普通船员证书的，应责令其限期改正，并收缴所用证书,对当事人或直接责任人并处 50 元以上 200 元以下罚款。

2. 对因违规被扣留或吊销船员证书而谎报遗失,申请补发的,可对当事人或直接责任人处 200 元以上 1 000 元以下罚款。

3. 向渔政渔港监督管理机关提供虚假证明材料、伪造资历或以其他舞弊方式获取船员证书的,应收缴非法获取的船员证书,对提供虚假材料的单位或责任人处 500 元以上 3 000 元以下罚款。

4. 船员证书持证人与证书所载内容不符的,应收缴所持证书,对当事人或直接责任人处 50 元以上 200 元以下罚款。

5. 到期未办理证件审验的职务船员,应责令其限期办理,逾期不办理的,对当事人并处 50 元以上 100 元以下罚款。

五、违反其他安全管理的行为和处罚

1. 对损坏航标或其他助航、导航标志和设施,或造成上述标志、设施失效、移位、流失的船舶或人员,应责令其照价赔偿,并对责任船舶或责任人员处 500 元以上 1 000 元以下罚款。

故意造成第一款所述结果或虽不是故意但事情发生后隐瞒不向渔政渔港监督管理机关报告的,应当从重处罚。

2. 违反港航法律、法规造成水上交通事故的,对船长或直接责任人按以下规定处罚:

(1)造成特大事故的,处以 3 000 元以上 5 000 元以下罚款,吊销职务船员证书;

(2)造成重大事故的,予以警告,处以 1 000 元以上 3 000 元以下罚款,扣留其职务船员证书 3 至 6 个月;

(3)造成一般事故的,予以警告,处以 100 元以上 1 000 元以下罚款,扣留职务船员证书 1 至 3 个月。

事故发生后,不向渔政渔港监督管理机关报告、拒绝接受渔政渔港监督管理机关调查或在接受调查时故意隐瞒事实、提供虚假证词或证明的,从重处罚。

3. 有下列行为之一的,对船长处 500 元以上 1 000 元以下罚款,扣留职务船员证书 3 至 6 个月;造成严重后果的,吊销职务船员证书:

(1)发现有人遇险、遇难或收到求救信号,在不危及自身安全的情况下,不提供救助或不服从渔政渔港监督管理机关救助指挥;

(2)发生碰撞事故,接到渔政渔港监督管理机关守候现场或到指定地点接受调查的指令后,擅离现场或拒不到指定地点。

4. 发生水上交通事故的船舶,有下列行为之一的,对船长处 50 元以上 500 元以下罚款:

(1)未按规定时间向渔政渔港监督管理机关提交《海事报告书》的;

(2)《海事报告书》内容不真实,影响海损事故的调查处理工作的。

发生涉外海事,有上述情况的,从重处罚。

六、附则

1. 对内陆水域渔业船舶和 12 米以下的海洋渔业船舶可依照本规定从轻或减轻处罚。

2. 渔政渔港监督管理机关的执法人员,在调查处理违规案件和实施处罚决定时,应严格遵守有关行政处罚程序规定。

3. 拒绝、阻碍渔政渔港监督管理机关工作人员依法执行公务,应当给予治安管理处罚的,由公安机关依照《中华人民共和国治安管理处罚条例》有关规定处罚;构成犯罪的,由司法机关依法追究刑事责任。

4. 当事人对渔政渔港监督管理机关处罚不服的,可在接到处罚通知之日起,60 日内向该渔政渔港监督管理机关所属的渔业行政主管部门申请复议,对复议决定不服的,可以向人民法院提起行政诉讼;当事人也可在接到处罚通知之日起 30 日内直接向人民法院提起行政诉讼。在此期限内当事人既不履行处罚,又不申请复议,也不提起行政诉讼的,处罚机关可申请法院强制执行。但是,在海上的处罚,被查处的渔业船舶应当先执行处罚决定。

第十二节　渔业船舶水上安全事故报告和调查处理规定

为加强渔业船舶水上安全管理,规范渔业船舶水上安全事故的报告和调查处理工作,落实渔业船舶水上安全事故责任追究制度,根据《中华人民共和国安全生产法》、《中华人民共和国海上交通安全法》、《生产安全事故报告和调查处理条例》、《中华人民共和国渔港水域交通安全管理条例》、《中华人民共和国海上交通事故调查处理条例》和《中华人民共和国内河交通安全管理条例》等法律法规,制定本规定。《渔业船舶水上安全事故报告和调查处理规定》已经于 2012 年 10 月 9 日由农业部第 10 次常务会议审议通过,自 2013 年 2 月 1 日起施行,共 6 章 41 条,主要内容包括:事故种类、事故等级划分、事故报告、事故调查、事故处理、调解等。

一、适用范围

下列水上安全事故的报告和调查处理,适用本规定:

1. 船舶、设施在中华人民共和国渔港水域内发生的水上安全事故;

2. 在中华人民共和国渔港水域外从事渔业活动的渔业船舶以及渔业船舶之间发生的水上安全事故。

渔业船舶与非渔业船舶之间在渔港水域外发生的水上安全事故,按照有关规定调查处理。

二、事故种类

本规定所称水上安全事故,包括水上生产安全事故和自然灾害事故。

水上生产安全事故是指因碰撞、风损、触损、火灾、自沉、机械损伤、触电、急性工业中毒、溺水或其他情况造成渔业船舶损坏、沉没或人员伤亡、失踪的事故。

自然灾害事故是指台风或大风、龙卷风、风暴潮、雷暴、海啸、海冰或其他灾害造成渔业船舶损坏、沉没或人员伤亡、失踪的事故。

三、事故等级划分

渔业船舶水上安全事故分为以下等级：

1. 特别重大事故，指造成30人以上死亡、失踪，或100人以上重伤（包括急性工业中毒，下同），或1亿元以上直接经济损失的事故；

2. 重大事故，指造成10人以上30人以下死亡、失踪，或50人以上100人以下重伤，或5 000万元以上1亿元以下直接经济损失的事故；

3. 较大事故，指造成3人以上10人以下死亡、失踪，或10人以上50人以下重伤，或1 000万元以上5 000万元以下直接经济损失的事故；

4. 一般事故，指造成3人以下死亡、失踪，或10人以下重伤，或1 000万元以下直接经济损失的事故。

四、事故报告

1. 各级渔船事故调查机关应当建立24小时应急值班制度，并向社会公布值班电话，受理事故报告。

2. 发生渔业船舶水上安全事故后，当事人或其他知晓事故发生的人员应当立即向就近渔港或船籍港的渔船事故调查机关报告。

3. 渔船事故调查机关接到渔业船舶水上安全事故报告后，应当立即核实情况，采取应急处置措施，并按下列规定及时上报事故情况：

（1）特别重大事故、重大事故逐级上报至农业部及相关海区渔政局，由农业部上报国务院，每级上报时间不得超过1小时；

（2）较大事故逐级上报至农业部及相关海区渔政局，每级上报时间不得超过2小时；

（3）一般事故上报至省级渔船事故调查机关，每级上报时间不得超过2小时。

必要时渔船事故调查机关可以越级上报。

渔船事故调查机关在上报事故的同时，应当报告本级人民政府并通报安全生产监督管理等有关部门。

远洋渔业船舶发生水上安全事故，由船舶所属、代理或承租企业向其所在地省级渔船事故调查机关报告，并由省级渔船事故调查机关向农业部报告。中央企业所属远洋渔业船舶发生水上安全事故，由中央企业直接报告农业部。

4. 渔船事故调查机关接到非本地管辖渔业船舶水上安全事故报告的，应当在1小时内通报该船船籍港渔船事故调查机关，由其逐级上报。

5. 渔船事故调查机关上报事故时，应当包括下列内容：

（1）接报时间；

（2）当事船舶概况及救生、通信设备配备情况；

（3）事故发生时间、地点；

（4）事故原因及简要经过；

（5）已经造成或可能造成的人员伤亡（包括失踪人数）情况和初步估计的直接经济损失；

（6）已经采取的措施；

(7)需要上级部门协调的事项;

(8)其他应当报告的情况。

情况紧急或短时间内难以掌握事故详细情况的,渔船事故调查机关应当首先报告事故主要情况或已掌握的情况,其他情况待核实后及时补报。重大、特别重大事故应当首先通过电话简要报告,并尽快提交书面报告。事故应急处置结束后,应当及时上报全面情况。

6. 渔业船舶在渔港水域外发生水上安全事故,应当在进入第一个港口或事故发生后 48 小时内向船籍港渔船事故调查机关提交水上安全事故报告书和必要的文书资料。

船舶、设施在渔港水域内发生水上安全事故,应当在事故发生后 24 小时内向所在渔港渔船事故调查机关提交水上安全事故报告书和必要的文书资料。

7. 水上安全事故报告书应当包括以下内容:

(1)船舶、设施概况和主要性能数据;

(2)船舶、设施所有人或经营人名称、地址、联系方式,船长及驾驶值班人员、轮机长及轮机值班人员姓名、地址、联系方式;

(3)事故发生的时间、地点;

(4)事故发生时的气象、水域情况;

(5)事故发生详细经过(碰撞事故应附相对运动示意图);

(6)受损情况(附船舶、设施受损部位简图),提交报告时难以查清的,应当及时检验后补报;

(7)已采取的措施和效果;

(8)船舶、设施沉没的,说明沉没位置;

(9)其他与事故有关的情况。

五、事故调查

1. 各级渔船事故调查机关按照以下权限组织调查:

(1)农业部负责调查中央企业所属远洋渔业船舶水上安全事故和由国务院授权调查的特别重大事故,以及应当由农业部调查的渔业船舶与外籍船舶发生的水上安全事故;

(2)省级渔船事故调查机关负责调查重大事故和辖区内企业所属、代理或承租的远洋渔业船舶水上安全较大、一般事故;

(3)市级渔船事故调查机关负责调查较大事故;

(4)县级渔船事故调查机关负责调查一般事故。

上级渔船事故调查机关认为有必要时,可以对下级渔船事故调查机关调查权限内的事故进行调查。

2. 船舶、设施在渔港水域内发生的水上安全事故,由渔港所在地渔船事故调查机关调查。

渔业船舶在渔港水域外发生的水上安全事故,由船籍港所在地渔船事故调查机关调查。船籍港所在地渔船事故调查机关可以委托事故渔船到达渔港的渔船事故调查机关调查。不同船籍港渔业船舶间发生的事故由共同上一级渔船事故调查机关或其指定的渔船事故调查机关调查。

3. 根据调查需要,渔船事故调查机关有权开展以下工作:

(1)调查、询问有关人员;

(2)要求被调查人员提供书面材料和证明;

(3)要求当事人提供航海日志、轮机日志、报务日志、海图、船舶资料、航行设备仪器的性能以及其他必要的文书资料;

(4)检查船舶、船员等有关证书,核实事故发生前船舶的适航状况;

(5)核实事故造成的人员伤亡和财产损失情况;

(6)勘查事故现场,搜集有关物证;

(7)使用录音、照相、录像等设备及法律允许的其他手段开展调查。

4. 渔船事故调查机关开展调查,应当由两名以上调查人员共同参加,并向被调查人员出示证件。

调查人员应当遵守相关法律法规和工作纪律,全面、客观、公正开展调查。

未经授权,调查人员不得发布事故有关信息。

5. 事故当事人和有关人员应当配合调查,如实陈述事故的有关情节,并提供真实的文书资料。

6. 渔船事故调查机关因调查需要,可以责令当事船舶驶抵指定地点接受调查。除危及自身安全的情况外,当事船舶未经渔船事故调查机关同意,不得驶离指定地点。

7. 渔船事故调查机关应当自接到事故报告之日起 60 日内制作完成水上安全事故调查报告。

特殊情况下,经上一级渔船事故调查机关批准,可以延长事故调查报告完成期限,但延长期限不得超过 60 日。

检验或鉴定所需时间不计入事故调查期限。

8. 水上安全事故调查报告应当包括以下内容:

(1)船舶、设施概况和主要性能数据;

(2)船舶、设施所有人或经营人名称、地址和联系方式;

(3)事故发生时间、地点、经过、气象、水域、损失等情况;

(4)事故发生原因、类型和性质;

(5)救助及善后处理情况;

(6)事故责任的认定;

(7)要求当事人采取的整改措施;

(8)处理意见或建议。

9. 渔船事故调查机关经调查,认定渔业船舶水上安全事故为自然灾害事故的,应当报上一级渔船事故调查机关批准。

在能够预见自然灾害发生或能够避免自然灾害不良后果的情况下,未采取应对措施或应对措施不当,造成人员伤亡或直接经济损失的,应当认定为渔业船舶水上生产安全事故。

10. 渔船事故调查机关应当自调查报告制作完成之日起 10 日内向当事人送达调查结案报告,并报上一级渔船事故调查机关。属于非本船籍港渔业船舶事故的,应当抄送当事船舶船籍港渔船事故调查机关。属于渔港水域内非渔业船舶事故的,应当抄送同级相关部门。

11. 在入渔国注册并悬挂该国国旗的远洋渔业船舶发生的水上安全事故,在入渔国相关部门调查处理后,远洋渔业船舶所属、代理或承租企业应当将调查结果经所在地省级渔船事故调查机关上报农业部。

12. 渔船事故调查机关应当按照有关规定归档保存水上安全事故报告书和水上安全事故调查报告等调查材料。

六、事故处理

1. 对渔业船舶水上安全事故负有责任的人员和船舶、设施所有人、经营人,由渔船事故调查机关依据有关法律法规和《中华人民共和国渔业港航监督行政处罚规定》给予行政处罚,并可建议有关部门和单位给予处分。

对渔业船舶水上安全事故负有责任的人员不属于渔船事故调查机关管辖范围的,渔船事故调查机关可以将有关情况通报有关主管机关。

2. 根据渔业船舶水上安全事故发生的原因,渔船事故调查机关可以责令有关船舶、设施的所有人、经营人限期加强对所属船舶、设施的安全管理。对拒不加强安全管理或在期限内达不到安全要求的,渔船事故调查机关有权禁止有关船舶、设施离港,或责令其停航、改航、停止作业,并可依法采取其他必要的强制处置措施。

3. 渔业船舶水上安全事故当事人和有关人员涉嫌犯罪的,渔船事故调查机关应当依法移送司法机关追究刑事责任。

七、调解

1. 因渔业船舶水上安全事故引起的民事纠纷,当事人各方可以在事故发生之日起 30 日内,向负责事故调查的渔船事故调查机关共同书面申请调解。

已向仲裁机构申请仲裁或向人民法院提起诉讼,当事人申请调解的,不予受理。

2. 渔船事故调查机关开展调解,应当遵循公平自愿的原则。

3. 经调解达成协议的,当事人各方应当共同签署《调解协议书》,并由渔船事故调查机关签章确认。

4.《调解协议书》应当包括以下内容:

(1)当事人姓名或名称及住所;

(2)法定代表人或代理人姓名及职务;

(3)纠纷主要事实;

(4)事故简况;

(5)当事人责任;

(6)协议内容;

(7)调解协议履行的期限。

5. 已向渔船事故调查机关申请调解的民事纠纷,当事人中途不愿调解的,应当递交终止调解的书面申请,并通知其他当事人。

6. 自受理调解申请之日起 3 个月内,当事人各方未达成调解协议的,渔船事故调查机关应当终止调解,并告知当事人可以向仲裁机构申请仲裁或向人民法院提起诉讼。

八、相关含义

1. 设施是指水上水下各种固定或浮动建筑、装置和固定平台。

2. 事故类型的含义：

(1) 碰撞，指船舶与船舶或船舶与排筏、水上浮动装置发生碰撞造成船舶损坏、沉没或人员伤亡、失踪，以及船舶航行产生的浪涌致使他船损坏、沉没或人员伤亡、失踪。

(2) 风损，指准许航行作业区为沿海航区（Ⅲ类）、近海航区（Ⅱ类）、远海航区（Ⅰ类）的渔业船舶分别遭遇八级、十级和十二级以下风力造成损坏、沉没或人员伤亡、失踪。

(3) 触损，指船舶触碰岸壁、码头、航标、桥墩、钻井平台等水上固定物和沉船、木桩、渔栅、潜堤等水下障碍物，以及船舶触碰礁石或搁置在礁石、浅滩上，造成船舶损坏、沉没或人员伤亡、失踪。

(4) 火灾，指船舶因非自然因素失火或爆炸，造成船舶损坏、沉没或人员伤亡、失踪。

(5) 自沉，指船舶因超载、装载不当、船体漏水等原因或不明原因，造成船舶沉没，人员伤亡、失踪。

(6) 机械损伤，指影响适航性能的船舶机件或重要属具的损坏、灭失，以及操作和使用机械或网具等生产设备造成人员伤亡、失踪。

(7) 触电，指船上人员不慎接触电流导致伤亡。

(8) 急性工业中毒，指船上人员身体因接触生产中所使用或产生的有毒物质，使人体在短时间内发生病变，导致人员立即中断工作。

(9) 溺水，指船上人员不慎落入水中导致伤亡、失踪。

(10) 其他事故，指以上类型以外的导致渔业船舶水上生产安全事故的情况。

(11) 台风或大风，指在准许航行作业区为沿海航区（Ⅲ类）、近海航区（Ⅱ类）、远海航区（Ⅰ类）的渔业船舶分别遭遇八级、十级和十二级以上风力袭击，或在港口、锚地遭遇超过港口规定避风等级的风力袭击，或遭遇Ⅱ级警报标准以上海浪袭击，造成渔业船舶损坏、沉没或人员伤亡、失踪。

(12) 龙卷风，指渔业船舶遭遇龙卷风袭击，造成渔业船舶损坏、沉没或人员伤亡、失踪。

(13) 风暴潮，指渔业船舶在港口、锚地遭遇Ⅱ级警报标准以上风暴潮袭击，造成渔业船舶损坏、沉没或人员伤亡、失踪。

(14) 雷暴，指渔业船舶遭遇雷电袭击，引起火灾、爆炸，造成渔业船舶损坏、沉没或人员伤亡、失踪。

(15) 海啸，指渔业船舶遭遇Ⅱ级警报标准以上海啸袭击，造成渔业船舶损坏、沉没或人员伤亡、失踪。

(16) 海冰，指渔业船舶在海（水）上遭遇预警标准以上海冰、冰山、凌汛袭击，造成渔业船舶损坏、沉没或人员伤亡、失踪。

(17) 其他事故，指渔业船舶遭遇由气象机构或海洋气象机构证明或有关主管机关认定的其他自然灾害袭击，造成渔业船舶损坏、沉没或人员伤亡、失踪。

3. 本规定所称的“以上”包括本数，“以下”不包括本数。

本章思考题

1. 渔船具备哪些条件,方可颁发捕捞许可证?
2. 我国《海上交通安全法》对船舶、设施和人员有哪些要求?
3. 根据我国《海上交通安全法》,当船舶、设施出现哪些状况时,应当迅速报告主管机关?
4. 我国《渔港水域交通安全管理条例》中有哪些安全管理规定?
5. 渔业船舶检验包括哪几类检验?
6. 根据我国《水生野生动物保护实施条例》,申请特许捕捉证有哪些程序?
7. 渔业船员的职务如何分类?
8. 渔业船员培训包括哪几项培训?
9. 渔业船员在船工作期间,应当履行的职责有哪些?
10. 渔业船舶所有权登记应提交哪些材料?
11. 哪些登记事项发生变更的,渔业船舶所有人应当向原登记机关申请变更登记?
12. 在哪些情况下,登记机关可直接注销该渔业船舶的船籍?
13. 根据我国渔业捕捞许可管理规定,捕捞渔船和作业场所如何分类?
14. 进出渔港的船舶需符合哪些条件,方能办理签证?
15.《渔业船舶水上安全事故报告书》应当包括哪些内容?

第二章　渔船安全生产

第一节　渔船安全生产操作

为了加强海洋渔业安全生产管理,防止和减少海洋渔业事故的发生,保障渔民生命和财产安全,促进海洋渔业生产健康稳定发展,海洋渔业生产必须坚持“安全第一、预防为主”的方针,必须制定科学的渔业安全生产操作规程,并坚持按照操作规程作业。

一、开航前渔船安全生产措施

1. 渔业船舶所有人应根据有关规定,并结合所属船舶的具体情况做到:

(1)保证船长能组织和领导船上的一切工作,船长和其他所有船员都必须按国家有关规定进行培训、考试,并持有相应证书;

(2)为船上所有船员办理工伤保险或购买人身保险;

(3)渔业船舶必须办理相应的渔业船舶检验证书、渔业船舶登记证书、渔业船舶航行签证簿、渔业船舶捕捞许可证等证书、证件;

(4)渔业船舶必须按规定定期进行维修保养和接受检验,确保渔船处于良好的适航状态,船上安装的通信、助航仪器和保障船舶安全航行的任何设备以及消防、救生设备都必须处于正常地使用状态。

渔业船舶安全生产的前提条件是保证渔船处于适航状态,船舶适航有狭义和广义之分。狭义的适航是指船舶的船体、船机在设计、结构、性能和状态等方面能够抵御航次中通常出现的或能合理预见的风险。广义的适航指除了船舶狭义适航包含的内容外,还应该满足妥善配备船员、供应品和使船舶适货。因此,为了保证渔业船舶适航,需要做到以下几点:

(1)要加强对船舶的维护和保养,确保船体结构、性能及配备的设备应符合《渔业船舶法定检验规则》要求。内陆的小型船舶在出航捕鱼前,应保证燃料充足,装载合理,船体无渗漏,机器能够正常地启动和停车。燃料充足,即带够足量的柴油,船舶能开出去、开回来。装载合理,即在安放渔网或装载货物的时候,注意避免大幅度倾斜而给船舶驾驶造成困难。

(2)有关航行安全的重要设施如救生、消防、航行、无线电信号等设备应配备齐全并处于良好使用状态。例如,救生衣,船上必须每人配备一件;消防水桶,每船配备一只,船员应尽量不在船上吸烟,因为机动船上的油料、渔网等都是比较容易燃烧的,万一失火,可能导致船毁人亡;捕捞渔船需配备信号灯,在捕捞作业时必须按航行规定开启信号灯,保证其他船舶能观察到你船,以确保捕捞作业安全。

(3)按时主动申报船舶的检验。《中华人民共和国渔业船舶检验条例》中规定:对渔业船舶实行强制检验制度,所以船舶所有人应该根据船舶的签证期限主动申报船舶检验,以保证证书的有效性。

(4)渔船出航时应尽可能编组结队出航作业;同时捕捞渔船不得载客,不得超航区、超抗风等级航行作业。

2. 船长应当保证:

(1)所有值班人员必须由持有相应适任证书的职务船员担任;

(2)所有值班人员上岗前必须经过充分休息,不能因值班人员疲劳而影响航行安全;

(3)不得安排正在值班的值班人员从事与值班无关的事项;

(4)渔船必须实行跟班作业,不超航区和超抗风等级航行、作业;

(5)海上生产作业和恶劣天气情况航行时,船上所有人员必须采取穿着救生衣等安全防护措施;

(6)在各种情况下的无线电联络应保持通畅。

二、航行中渔船安全生产措施

1. 航行值班要求

(1)渔船离港前,船长应拟订航行计划,检查船员是否到齐,所有证件是否齐全,渔需物资及生产、生活资料是否备足,并按规定向出发港渔港监督机关申请办理出港签证手续,接受安全检查,同时派专人检查号灯、号笛、车钟、舵机、助航仪器等是否处于适航状态,并提前 15 分钟通知机舱备车。

(2)驾驶台操作人员应衣着整齐,不准赤膊只穿内裤或穿拖鞋值班;值班人员要认真履行值班职责,严格遵守各种规章制度和安全操作规程,集中精神,在任何情况下若没有正式人员接替,不得擅自离开岗位或看书阅报或做与值班无关的事。

(3)驾驶部人员要随时注意周围环境,做到勤瞭望、勤联系、勤探水、勤检查。

(4)出航前及出航时禁止饮酒;严禁酒后驾驶、疲劳驾驶、违章驾驶。

(5)在任何时候,驾驶室内必须有人值班。在值班期间,值班人员应严格遵守海上避碰规则,保持正规的瞭望,按渔船航行、停泊、作业的不同状态分别显示相应的号灯、号型。

(6)充分使用一切可用的助航仪器、陆标和各种定位方法确定船位;及时修正风、流压差,进行航迹推算;针对船舶的泊位、航向和速度,要根据当时的海上情况选择适当时间间隔(最长不应超过 1 小时)进行核对,以确保船舶沿着计划航线航行。

(7)负责值班的驾驶员应充分了解船上所有安全和航行设备的放置地点和操作方法,了解舵和螺旋桨的控制性能及船舶操纵特性等,并了解在使用它们时应注意的问题。

(8)值班人员在进行海图作业、观察雷达和记录航海日志时,必须先认真扫视周围海面,确信在此期间没有航行危险迫近时,方可进行上述工作。

(9)船舶进出港口,靠离码头,航经狭水道和船舶密集区,能见度不良等恶劣天气或临近航行障碍物时,船长应在驾驶台亲自指挥,并加强瞭望、按章鸣放声号,充分估计局面(如:碰撞、搁浅或其他航行危险），处理好避让关系。

（10）清楚且详细地记录航海日志。

正规瞭望应包括下列内容：

（1）利用视觉、听觉和其他一切有效手段，持续地保持警惕状态，细心观察周围情况；

（2）密切观测周围船舶相对方位的变化和动态；

（3）正确辨别各种船舶及助航标志的灯光信号；

（4）观察天气和海况变化，特别是能见度的变化；

（5）及时观察雷达，正确利用雷达进行导航、避让；

（6）正确使用海图，了解周围海面是否有危及渔船安全的危险存在。

2. 锚泊值班要求

（1）锚泊值班规定：

①为保证船舶在锚泊中做好安全保卫工作，防止事故的发生，锚泊时必须指定足够的值守人员，做好值班工作；

②船舶锚泊留守人员必须以随时能开航执行任务为原则；

③值班人员必须坚守岗位，不得做其他与值班无关的活动；

④船舶所在港口悬挂台风信号一号风球时，在船人员不得离船外宿，已离船人员获悉后立即回船参加防台风，随时做好防台风和完成其他特殊任务的准备；

⑤向编组生产的领队船舶或岸台报告自己锚泊位置。

（2）锚泊值班人员须做到：

①提高警惕，禁止闲杂人员上船，经常到船舶四周巡视，检查锚链、系统、信号、照明等是否正常；

②锚泊时应经常检查船位的变化，检查是否有走锚的现象；

③了解和观测气象、风向、风力、海流和潮汐情况的变化，并及时根据风向、风力、潮汐、海流等的变化调整锚链或增加锚具；

④密切注意周围船舶的动态，遇有可能迫近的危险时，要按《1972 年国际海上避碰规则》的规定发出声、光信号；

⑤发现走锚或危险迫近时，应立即通知船长，并不失时机地通知机舱备车和全船人员，特别在恶劣天气应提前通知；

⑥雾季中途停泊或锚泊在能见度不良的地方时，要按章鸣放雾号；

⑦做好防毒、防火、防盗、防破坏等工作；

⑧做好停航过程中的有关情况记录。

（3）锚地的选择：

①海上锚泊要避开商船习惯航线，航道及有明确规定不得锚泊的水域不得锚泊；锚泊时要考虑底质、水流、风向和潮汐等情况，并检查周围水域是否有暗礁、沉船、水中障碍等危险物存在；

②锚地应水深适中、流速平缓，通常应使锚泊后船深处于正常流水中，不然就会使锚泊船产生偏摆，减少锚的抓力，导致走锚事故；

③水底地质要好，一般以黏土为最好，其次是泥夹沙，再次是沙底、砾石底；石质底的地方是不宜抛锚的，因为这种底质不仅锚很难抓进去，即使抓进去了，也可能被岩缝夹住，绞不起

来,造成断链失锚事故;

④锚泊地点应尽量让出航道,以免妨碍他船的正常航行;

⑤锚泊时应检查周围水域是否有暗礁、沉船、海底电缆、水中障碍等危险物存在,应远离装卸危险品的专用码头;

⑥在抛锚的水域内要有足够的回旋余地,在潮区锚泊对此尤应注意;

⑦拟做较长时间锚泊的锚地,还要求能避风防浪,泥沙淤积也应较少(若淤沙严重则需及时活锚)。

(4)放链长度的选择:

锚链的放出长度与锚的抓力有密切关系。锚泊船受到水流、风等外力的作用,是由锚的抓力保持平衡。抓力又受锚链长度的影响,出链过短,就会降低抓力,并使锚有被提起之势。在实践中,一般出链长度为水深的5~8倍,当感到锚抓力不足时,还可以增加放链长度。

(5)选择用锚:

①锚地宽敞,风流影响小,可抛任一舷的锚;

②风、流来自一弦,则抛上风、迎流一舷的锚;

③单车船可抛与车叶旋转方向相反一舷的锚。

3. 机舱值班要求

(1)船舶在停泊、航行和作业期间,机舱应始终有轮机人员值班,严格服从驾驶台的指令。当发现机舱影响航行安全时,轮机值班人员要立刻通知驾驶台。

(2)渔船出航前,轮机长接到指令后,应立即通知机舱和机电人员到位,并按照各自分工对机械设备、燃料、备件、工具等进行检查,确保燃料和备件充足、机电设备运转正常。

(3)航行和作业期间,机舱值班员应严格遵守操作规程,经常检查主、辅机及其他机械的运转情况,保持机舱所有机械始终处于正常工作状态,并将各种数据记录在轮机日志中。当有异常,要及时处理,自己不能处理或对处理有疑问时,应立即通知轮机长,如有必要还应直接通知驾驶室。

三、进出港渔船安全生产措施

1. 进出港及靠离码头

(1)进出港和靠离码头时,船舶应由船长亲自驾驶,严格遵守港章,服从监督管理机构和码头调度人员的监督和指挥;

(2)进出港航行应控制车速,禁止并行或强行追越他船;

(3)靠离码头前,船长要做好分工,船员按照分工备好碰垫、带缆并通知机舱做好准备;

(4)要慢车操纵,禁止快车靠泊,不准跳过他船带缆;解缆人员要站在安全处,禁止站在缆桩、导缆口等绳索受力方向,收缆不要过急,留缆不要过紧;

(5)使用倒缆时不准快车,以防拉断本船或靠帮船的带缆;

(6)船靠离码头后,要留有足够的看船人员值班,以备应急时移泊。

2. 渔业船舶进港后

(1)渔船进港后应按规定在24小时内到所进渔港的渔港监督机关申请办理进港签证

手续；

(2)要检查、确定其他跟班船已全部进港，如发现跟班船未按时回港，要及时向有关部门报告；

(3)渔船停泊后要安排足够人员24小时值班，认真做好防火防盗工作；

(4)要注意收听气象信息，当气象部门发出台风黄色预警信号时，船长要组织全船人员回船采取有效措施防台风。

当收到五级以上风力预报或遇到五级以上风力时，应分别依照下列规定办理：

(1)遇到有五级以上风力，挂机渔船和木帆渔船不得出海；

(2)遇到有六级以上大风，60 hp以下渔业船舶不得出海；

(3)遇到有七级以上大风，400 hp以下渔业船舶不得出海；

(4)遇到有八级以上大风，所有渔业船舶均不得出海。

四、海损救助和海事处理

在船舶进行生产作业时，船长和值班人员必须确保渔船从出港到回港期间，跟班船之间每2小时至少联系一次，如联系不上或估计发生险情时，要及时组织搜寻并向有关部门报告。

当发现海难事故或收到求救信号后，发现船舶应迅速赶到现场，在不严重危及本船安全的情况下，应全力救助遇难人员和船舶，并将现场情况和本船船名号、位置报告有关部门。

在本船发生险情时，船长应立即发出呼救信号，并以最迅速的方式将出事时间、地点、受损情况、救助要求及出事原因报告就近的渔港监督机构。

渔业船舶发生交通事故，除按规定报告外，应在到达第一个港口48小时内向渔港监督机构递交事故报告书和有关材料，接受调查处理。

五、渔船作业安全操作措施

(一)拖网作业

1.放网与带网

(1)放网前10分钟，船长通知有关人员检查设备、网具、属具等，做好放网前的准备；

(2)放网人员应清理好网衣、绳索，做到脚下清爽；束网放出后，应立即转到安全处，严禁踩、跨网、缏；

(3)如发生故障，应立即报告船长，待网、缏停止移动后，用弹钩或绳索固牢并留根，再进行处理；严禁在网具放出过程中用手拴、脚蹬或用不当方式固定网具的方法去处理故障，当需到舷外、网上处理故障时，必须采取可靠的安全措施方可进行；

(4)网放出后如一切正常即显示信号通知对船，待缏船见到信号后，慢慢向网船靠拢，应根据风、流、海况，使两船保持一定安全距离并能打过撇缆，抛撇缆前应发出呼叫声引起多方人员注意，以免打伤人；

(5)在起、放网两船靠拢时，对下列险情应予以充分戒备：

①舵机失灵；

②受风、流压冲击，两船横压靠拢；

③弹钩一时打不开或突然滑出。

(6)网船撞到绠头,必须用绳索留住,严禁用手压、脚踩,网头对接完毕后,通知船长放绠,抛绠速度要均匀,抛绠一舨禁止人员工作和停留,更不许跨越横过;

(7)当绠放出三分之二左右时,通知驾驶室停车,靠惯性放完,然后再挂摆逐步增速拖曳;

(8)从放网到起完网的全过程中,应按规定显示拖网渔船的号灯、号型或声号;

(9)带网时应安排人员值班,注意对船信号和两船横距,如与其他作业渔船相遇,应执行《渔船作业避让暂行条例》,防止发生事故。

2. 起网

(1)值班人员在起网前10分钟通知全体人员做好起网准备,并显示信号通知对船。

(2)两船靠帮时应谨慎驾驶,两船距离以掠过撇缆为限,严禁双方人员互掷物品取闹。

(3)网船接到过洋缆,上稳车绕三圈后方可停车,通知带绠船打开弹钩。

(4)稳车应由衣着利落、思想集中的熟练人员,谨慎操作,曳纲接头上稳车后要注意排列好,如遇卡环、转环或接头,应用活动站滚向一侧挤开,防止缠压,禁止手推、脚蹬,必要时关闸处理。

(5)操作稳车人员工作时要坚守岗位,绞绠上网或起吊货物都必须按指挥人员的口令或手势操作,任何人不得站在吊杆下或钢索受力的方向。

(6)收绞曳纲时两边应均匀绞进,并保持曳纲与船尾有一定斜度,适当开车调整,空纲上来后停止绞进,开车拖一下,再继续绞,防止曳纲或网具压入船底。

(7)曳纲卷入滚筒时要排列整齐,注意查看卡环、转环有无损伤,并尽量在旁边压牢。

(8)大风浪天起网应使船处于顺浪或迎浪状态,不可横浪吊网,吊大脚、网身时要加安全钩,禁止脚踩、深压,防止网退回时带入落水。

(9)用单抽调网时,要专人传递吊钩,不准投掷,单抽末端放在舱外破缯时,要防止动车时缠摆。

(10)吊包时任何人不准停留在鱼池中,抽包绳人员不得站在舱边、舱口处,吊包起重不得超过安全负荷。

(11)遇大网头、泥沙过重或拖到障碍物时,要使用稳车分段绞进,不要用吊杆起吊,收绞时要使用卡环倒换,不要用钩子,以免钩子拉直伤人。

(12)起网完毕,应将吊钩固定好,除处理渔获人员外,应分派人员整修网具;腰带和卡包绳索也要整理好,网锭要穿好,做好再次放网的准备,如长时间航行,则需将网具固定住。

(二)围网作业

1. 放网前注意事项

(1)吊放舢板前应先检查其设备情况,吊放时,要待大船顺浪停稳后进行,舢板内不许留人;

(2)人员应在大船停车或慢车时上下,防止人员落水;

(3)舢板上的工作人员不得打闹和睡觉,随时准备放网;

(4)拖带舢板的拖缆要坚固,弹钩要插好销子,不准大舵角转弯,防止拖翻舢板;

(5)船尾人员不准在网上打闹、睡觉,风浪天不准坐在网垛上;

(6)围网作业渔群集中、船只密集,找鱼下网时要特别注意他船动向,防止碰撞事故发生;

(7)瞭望人员上下桅杆要注意安全,在桅斗里不准坐在边缘上;

(8)放网前要检查网具。歪脖子、网头,上、底纲,底环,各部连接转环,卡环,浮子等,应整理清楚,不得有倒压和扭结现象,准备随时放网;

(9)船长要同瞭望员密切配合,随时注意瞭望员的口令,其他人员不得乱吵乱嚷。

2. 放网

(1)船长根据瞭望员所观察的鱼群情况,决定是否下网;下网前应首先发出预备信号,通知各就各位。

(2)当瞭望员确定舢板或灯船离开船尾无碍时,应通知船长要车;接对网头人员要立即对好,打弹钩时,要注意周围和脚下情况,做好安全措施,如因故不能下网,则应解开网头。

(3)放网时尾部和放网一舷不允许有人走动,放底网人员应将身子让出绞车外,不得忽紧忽松,防止跷脚或网上缠上底纲。

(4)放网时不准吵闹,以免干扰瞭望人员的口令。

(5)打石子人员要听从指挥,防止将石子打在鱼群中或打伤舢板人员。

(6)网船抓灯船或舢板时,应先慢车并准备倒车,灯船或舢板人员应及时将网头底网引缆打给网船,并随时注意网船动向,防止因操作失灵或机器故障而发生碰撞。

3. 起网

(1)起网操作人员要按照指挥口令操作,动作要迅速。收绞底网速度应根据鱼群沉浮情况调节,鱼群起浮要快些,下沉要慢些,不准盲目起吊。

(2)绞底网时,要脖子及各种钢丝受力方向不准站人,不得跨越钢丝,底网遇故障必须用足够强度的索链搭牢后方可处理。

(3)操纵动力滑车或机械、电动起网机人员,应服从指挥。

(4)回收底环人员要注意上网速度,不要造成因搞得早而从底脚跑鱼,拉网衣时不得将手指插入网眼或坐在网衣上。

(5)操纵稳车吊网人员,要根据捆网人员的指挥起吊,风浪天不要吊得太高。

(6)网衣要均匀,上、下纲网衣要分清,浮子排整齐,穿底环要仔细认真以免穿锚;网衣受风、流影响压入船底时,必须处理妥当方可用车,必要时可用舢板拖带。

(7)使用舢板提浮子时,不准将浮子提入舱内,防止鱼太多将舢板压翻。

(8)网上后,需把网头吊一下,底网拔几米,放网前还要再检查一遍,防止放网时拖不下网头。

(9)电动、机械起网机或动力滑车要经常检查,风浪天要固定牢。

4. 捞取渔获物

(1)捞鱼时,按分工岗位操作,鱼多网重、风浪较大时多留网衣,不要绞得过紧,防止爆网。

(2)捞鱼时,必须将浮子纲收紧,捆扎牢靠,将鱼舱收紧后方可捞鱼。

(3)用捞子取鱼,应先将网筒底扣扎底,留出抽头。起吊时要注意闪开,不准继续在捞子下操作。

(4)要戴安全帽、穿救生衣,投放捞子时,不要将身子探出舷外。

5. 渔获物处理注意事项

(1)在渔获物处理过程中,对凶猛、有刺和有毒鱼类,要用手钩谨慎处理,单独放置,以防伤人。

(2)下舱装鱼人员不准向舱里硬跳,渔获下舱时要提前通知舱下人员躲开。

(3)刨冰要由冰垛上面开始自上而下刨用,禁止开穴挖洞,防止冰垛倒塌伤人。

(4)舱内装载应分布均匀,保持平衡以防止船体倾斜,严禁超载。

(5)渔获处理完毕后,应将舱盖封好。

(6)卸鱼时应提前开舱通风,防止因鱼变质而使下舱人员中毒。

(三)流网作业

1. 放网

(1)到达渔场后,船长应根据周围船只与海况选择适宜的网挡,并避开定置网场和航道。

(2)放网前10分钟,应通知船员做好准备,穿戴好护具,衣着利落,清理好脚下,待命下网。

(3)放网时底脚要尽量向远处投放,同时用竹竿或木棍逼着浮弦,防止网衣压入船底,放芒子者应及时清出芒绳并按顺序投放。

(4)有风天顺风放网,无风天沿横流向放网,用车要适当。

(5)放完网后应放出适当长度(根据天气情况确定)的带网绠并与锚缆扣子搭好,末端系在大桩上,用麻袋或网衣包垫,以防磨损。

(6)夜间要加强值班,按规定及时、正确地显示号灯。

(7)大风浪天一般不要下网,防止网列缠拢而撕破,并做好防风抗浪的准备。

2. 起网

(1)起网前10分钟通知船员做好准备,穿戴护具,衣着利落。

(2)不论人力或机械起网,要分工明确、各尽其责,起网时要把网衣、浮舵、底脚盘好,收回的芒子按顺序放在规定的地方,并将芒子绳闪出清理好。

(3)起网机应由专人使用,思想集中、注意安全。

(4)拔底脚人员,可视网在水中情况及时通知船长用车防止缠摆。

(5)风浪天起网要迎着风浪,船长用车时应听从口令、密切配合,不要横浪上网。

(6)起完网后要及时修整网具,盖好封牢。

3. 渔业船舶在进行捕捞作业时的值班要求

(1)不论何种作业方式,起放网时都应由船长值班。

(2)渔船在进行捕捞作业时,值班驾驶员除应考虑航行值班要求外,还应考虑下列因素并正确地采取行动:

①船舶操纵性能,尤其是停船距离、航行和拖带渔具作业时的回转半径;

②甲板上船员的安全;

③因捕捞作业、渔获物装载,异常海况和天气状况等而产生的外力对船舶安全带来的不利影响,以及稳性和干舷的降低对渔船安全带来的不利影响;

④附近海上建筑物的安全区域、沉船和其他危及渔具的水下障碍物。

(3)在装载渔获物时,值班驾驶员应注意在整个航行期间内都应留有充分的干舷,保持渔船稳定性和水密性,还应考虑燃料和备用品的消耗,可能遇到的异常天气状况导致的危险等。

(4)对拖网渔船,值班驾驶员在航行中应注意两船保持安全距离,前、后互相注视,经常联系，当发现对方失去目标、联系或有任何怀疑时，应立即查找，后船不应盲目跟航，发现问题及时通知前船。

六、图解渔船常见作业方式注意事项

1. 拖网作业安全

(1)拖网操作时应注意转向，避免横风横浪。

(2)检查渔捞设备的完好情况，上网时保证甲板机械受力结构不超过安全负荷，见图 2-1。

图 2-1　上网操作示意图

(3)对于舷侧上网渔船，起网时应当谨慎操作，避免因起吊网具造成横倾，同时注意防止网具进入船底，见图 2-2。

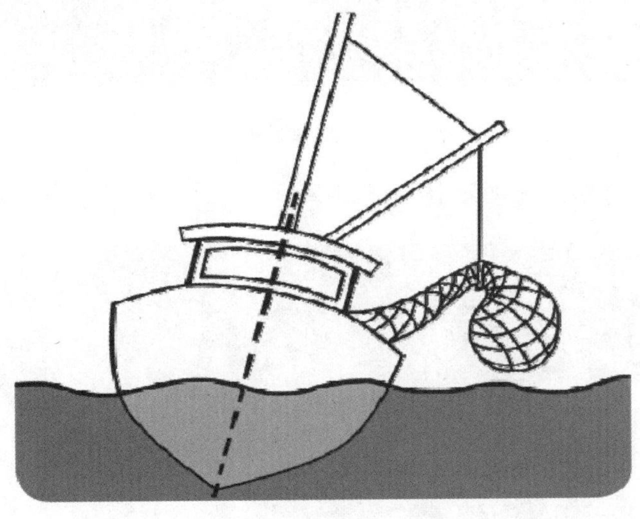

图 2-2　起吊网具示意图

(4)对于艉拖网渔船，起、放网作业均在艉部进行，应注意风向和潮流，见图 2-3。

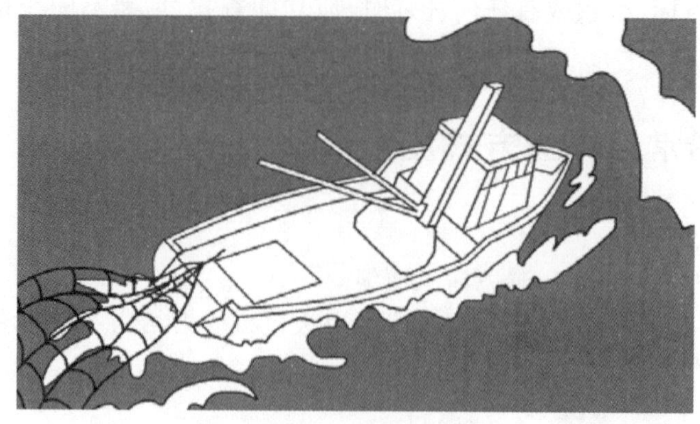

图 2-3　艉拖网渔船起、放网作业

（5）进行放网作业时，在网具最末端入水时，船上人员必须确保所处位置不会被渔网带进水里，见图 2-4。

图 2-4　放网示意图（一）

（6）放网时，禁止人员站在网囊上，见图 2-5。

图 2-5　放网示意图（二）

(7)拖网时,船上人员应避免身体与曳纲接触,以防止因曳纲断裂而受伤,见图 2-6。

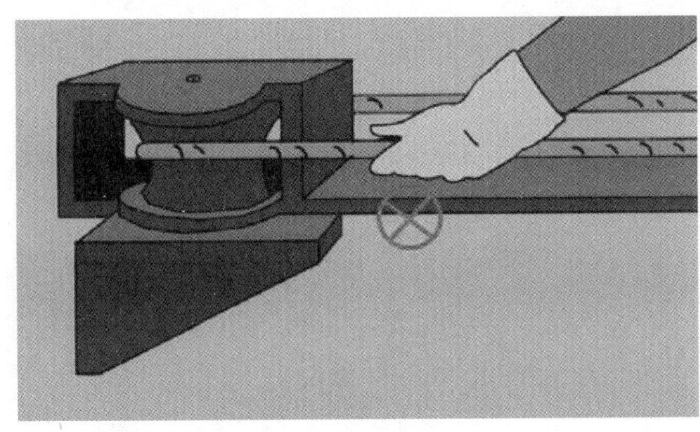

图 2-6　拖网示意图

(8)未进行拖网操作时,放网艉口需使用安全链条,以防止人员落水,见图 2-7。

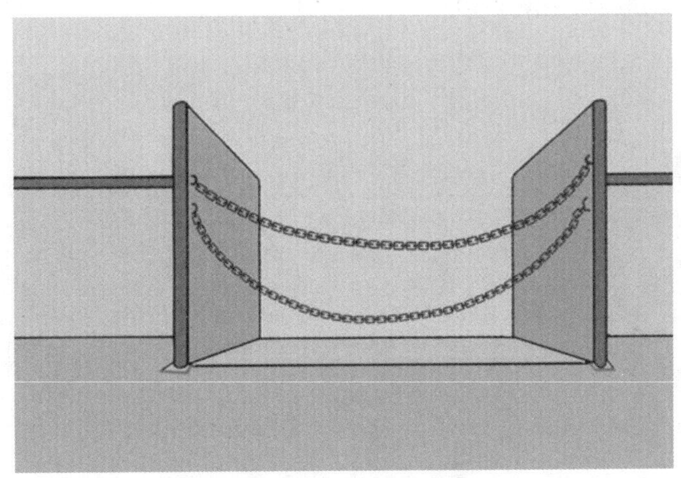

图 2-7　安全链条放置示意图

2. 围网作业安全

(1)检查所有围网的连接卸扣及绳带等结构,防止其脱落击伤船员,见图 2-8。

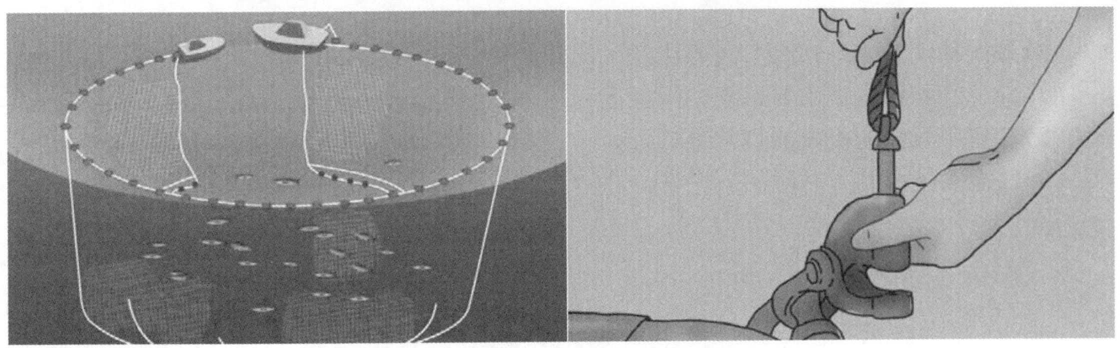

图 2-8　围网连接卸扣及绳带检查

(2)检查滑车,在甲板上用冲水方式对滑车上的渔网进行冲洗,见图 2-9。

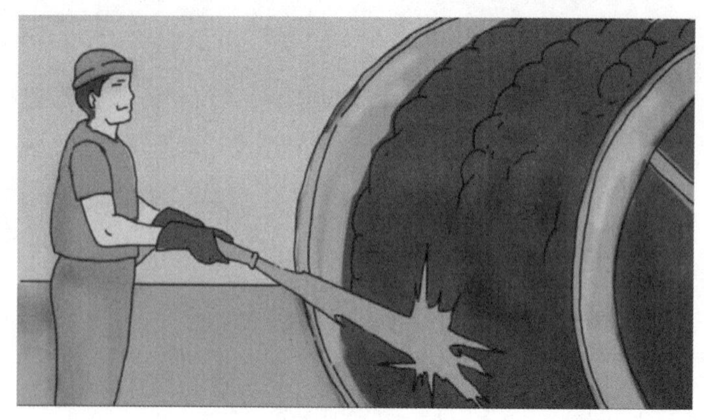

图 2-9　滑车检查

(3)在船尾收网时,可能会损坏船舶结构或设备,造成船舶倾覆,因此,船员应在船尾辅助将网兜散开,将渔获物取出,见图 2-10。

图 2-10　船尾收网操作

(4)起网时,船员应与网囊及卷网机保持安全距离,同时应避免与滚滑轮设备接触,尤其注意避免手脚夹入其中,见图 2-11。

(5)确保围网上的网带能够在网环上灵活收紧,不会使收网时的网环张力击伤船员,见图 2-12。

(6)舷侧抽纲时,横向受力大,要注意风向和船体调平,见图 2-13。

(7)起、放网时,人员不要站立在网囊上。

(8)注意甲板渔捞机械的日常维护。

(9)注意高速回转下网时的安全性。

图 2-11　起网操作

图 2-12　网带收紧作业

图 2-13　舷侧抽纲作业

3. 刺网作业安全

(1)刺网不应放置在甲板室顶部,见图 2-14。

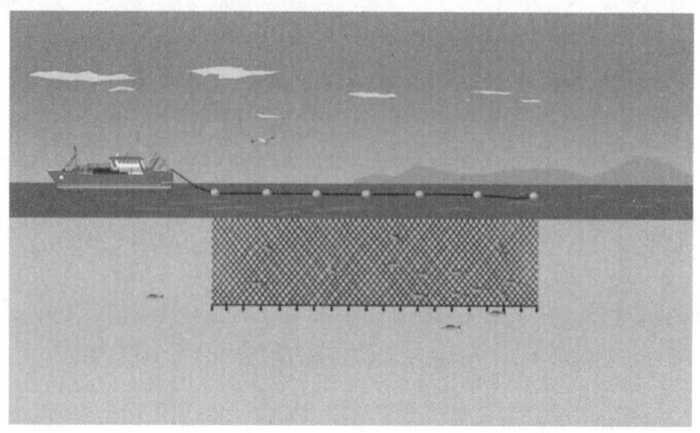

图 2-14　刺网作业

(2)注意减少甲板堆放网具,见图 2-15。

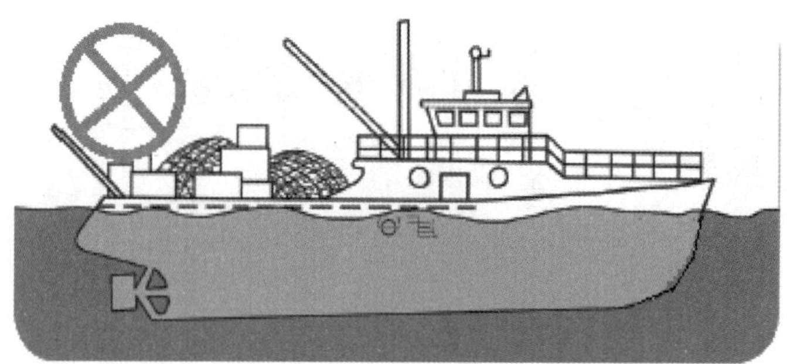

图 2-15　甲板网具堆放

(3)在航行中下网时,船员应避免与网具接触,见图 2-16。

图 2-16　航行中下网操作

4. 笼壶作业安全

(1)船员在船尾施放笼壶时,应系好安全带,见图 2-17。

图 2-17　施放笼壶

(2)笼壶网在堆放或转移时应保持稳定、不可摇晃,要注意笼壶堆放高度,见图 2-18。

图 2-18　笼壶网堆放

(3)在渔船航行、放网和起网过程中,笼壶均应有效固定,不可移动,见图 2-19。

图 2-19　笼壶固定

七、部分渔业船舶安全设备配备定额

(一)小型渔业船舶

长度小于 12 m 的渔船称为小型渔业船舶,根据船型特点划分为四类:

(1)一类小型渔业船舶:12 m≥船长 L≥7 m,有上层建筑或甲板室结构的海洋机动渔业船舶;

(2)二类小型渔业船舶:12 m≥船长 L≥7 m,无上层建筑或甲板室结构的海洋机动渔业船舶;

(3)三类小型渔业船舶:12 m≥船长 L≥7 m 的海洋非机动渔业船舶;

(4)四类小型渔业船舶:船长 L≤24 m 的海洋机动渔业船舶。

1. 救生设备

救生设备配备数量如表 2-1 所示。

表 2-1　救生设备配备数量

船舶种类	救生圈	救生衣	遇险信号
一类船舶	1	每人 1 件	沿海航区:4 支; 遮蔽航区或平静水域:2 支
二类船舶	1	每人 1 件	—
三、四类船舶	—	每人 1 件	—

2. 消防设备

消防设备配备数量如表 2-2 所示。

表 2-2　消防设备配备数量

船舶种类	干粉灭火器(具)	太平斧	消防斧
一类船舶	≥2	1	1
二、三、四类船舶	—	—	1

其中：

①一类小型渔业船舶驾驶室应配备 1 具容量不少于 5 kg 的干粉灭火器；机器处所应配备 2 具容量不少于 5 kg 的干粉灭火器，当主机功率小于 30 kW 时可减少 1 具。

②太平斧可用生活用斧代替；消防水桶可用生活水桶代替，但必须有适当长度的绳子。

③灭火器应确保即刻可用，存放于驾驶室和机舱中，并置于固定的灭火器架内。

3. 信号设备

（1）一类小型渔业船舶信号设备配备要求如表 2-3 所示。

表 2-3　一类小型渔业船舶信号设备配备要求

<table>
<tr><th>序号</th><th>设备名称</th><th colspan="2">配备数量</th><th>备注</th></tr>
<tr><td>1</td><td>双色灯
（左红、右绿）</td><td>1 组</td><td>1 组</td><td>配此灯于中心线处</td></tr>
<tr><td>2</td><td>环照灯（绿色）</td><td>1</td><td>—</td><td>仅拖网渔业船舶配备，作业时上绿下白同时显示</td></tr>
<tr><td>3</td><td>环照灯（白色）</td><td>1</td><td>1</td><td>兼作锚灯</td></tr>
</table>

（2）二、三、四类小型渔业船舶应配备 1 只白色光源手电筒、1 个能发出有效声响的器具。对夜间不航行、作业的船舶可免除信号灯的配备，但应在证书记事栏中注明：禁止夜间航行、作业。

（二）远洋渔业船舶

1. 救生设备

（1）每艘渔业船舶配备的救生艇、筏和救生浮具的乘员总定额对船上总人数的百分比，应不小于表 2-4 和表 2-5 中规定的最低百分比。

表 2-4　远洋渔业船舶救生艇、筏最低配备　（船长 L，单位 m）

<table>
<tr><th rowspan="2"></th><th colspan="2">$L \geqslant 75$</th><th colspan="2">$75>L \geqslant 45$</th><th rowspan="2">$45>L \geqslant 24$</th><th rowspan="2">$L<24$</th></tr>
<tr><th>一般标准</th><th>替代标准</th><th>一般标准</th><th>替代标准</th></tr>
<tr><td rowspan="2">救生艇筏</td><td>方案 1 为每舷 100%</td><td></td><td rowspan="2">每舷 100%</td><td rowspan="2"></td><td rowspan="2">100%</td><td rowspan="2">100%</td></tr>
<tr><td>方案 2 为每舷 50%①</td><td></td></tr>
<tr><td>救生筏</td><td>方案 2 为 50%</td><td>100%</td><td></td><td>100%</td><td></td><td></td></tr>
<tr><td>船尾自由降落的救生艇</td><td></td><td>100%</td><td></td><td>100%</td><td></td><td></td></tr>
<tr><td>救生艇筏总容量</td><td>方案 1 为 200% 或
方案 2 为 150%①</td><td>200%</td><td>200%</td><td>200%</td><td>100%</td><td>100%</td></tr>
<tr><td>救助艇</td><td colspan="2">1②</td><td colspan="2">1②</td><td>—</td><td>—</td></tr>
</table>

注：①符合分舱要求、破舱稳性衡准和加强的防火结构衡准的最小值。

②当船上配有 1 只满足救助艇要求且在救助作业后能回收的救生艇时可免配。

表 2-5　远洋渔业船舶救生圈最低配备

船长 L(m)	救生圈数(只)	带自亮浮灯或救生浮索		
		带自亮浮灯		带可浮救生索(只)
		总数(只)	同时带有自发烟雾信号(只)	
L≥75	8	4	2	1/舷
75>L≥45	6	3	2	1/舷
45>L≥24	4	2	1	1/舷
L<24	2	1	—	1

(2)抛绳设备:船长不小于 45 m 的渔船应配备 1 具抛绳设备。

(3)遇险火焰信号:

①船长不小于 45 m 的渔船,应配备至少 12 支火箭降落伞火焰信号;

②船长小于 45 m 的渔船,应配备至少 4 支火箭降落伞火焰信号。

2. 基本号灯和号型配备

远洋渔业船舶号灯和号型配备如表 2-6 所示。

表 2-6　远洋渔业船舶号灯和号型配备

序号	号灯名称			总长 L≥50 m 数量(盏)	总长 L≥50 m 最小能见距离(n mile)	50 m>总长 L≥20 m 数量(盏)	50 m>总长 L≥20 m 最小能见距离(n mile)
1	航行灯	桅灯		2	6	1[①]	5
2		左舷灯		1	3	1	2
3		右舷灯		1	3	1	2
4		艉灯		1	3	1	2
5	锚灯	白环照灯		2	1	1[②]	2
6	失控灯	红环照灯		2	3	2	2
7	渔船作业号灯	拖网作业	(上)绿环照灯	1	3	1	2
8			(下)白环照灯	1	3	1	2
9		非拖网作业	(上)红环照灯	1	3	1	2
10			(下)白环照灯	1	3	1	2
11			指示渔具方向白环照灯	1 或 2	3	1 或 2	2
12	相互邻近处捕鱼额外号灯	拖网渔船	白环照灯	2	≥1;<2	2	≥1;<2
13			红环照灯	2	≥1;<2	2	≥1;<2
14			探照灯	1		1	
15		围网渔船	黄色闪光灯	2	≥1;<2	2	≥1;<2
16	号型	球体		3			
17		圆锥体		2[③]			

注:①可以配备 2 盏桅灯作前后桅灯用。
②可以配备 2 盏白环照灯作前后锚灯用。
③非拖网渔船当有外伸渔具且伸出的水平距离大于 150 m 时,应增加 1 盏。

3. 无线电设备

远洋渔业船舶无线电设备最低配备如表 2-7 所示。

表 2-7 远洋渔业船舶无线电设备最低配备

<table>
<tr><th>序号</th><th colspan="2">设备名称
海区</th><th>A1</th><th>A1+A2</th><th>A1+A2+A3</th><th>A1+A2+A3 +A4</th></tr>
<tr><td>1</td><td colspan="2">甚高频(VHF)无线电装置①</td><td>1</td><td>1</td><td>1</td><td>1</td></tr>
<tr><td rowspan="2">2</td><td rowspan="2">气象及航行警告接收机</td><td>NAVTEX 接收机</td><td>1</td><td>1</td><td>1</td><td>1</td></tr>
<tr><td>增强群呼(EGC)②</td><td></td><td></td><td>1</td><td>1</td></tr>
<tr><td rowspan="2">3</td><td rowspan="2">应急无线电示位标</td><td>VHF-EPIRB</td><td rowspan="2">任选其一</td><td></td><td></td><td></td></tr>
<tr><td>406 MHz-EPIRB</td><td></td><td>1</td><td>1</td></tr>
<tr><td>4</td><td colspan="2">中高频(MF/HF)无线电装置①</td><td></td><td rowspan="2">任选 1 台④</td><td rowspan="2">任选 1 台④⑥</td><td>1</td></tr>
<tr><td>5</td><td colspan="2">INMARSAT 船舶地球站(SES)</td><td></td><td>1</td></tr>
<tr><td>6</td><td colspan="2">双向无线电话 VHF</td><td>3⑤</td><td>3⑤</td><td>3⑤</td><td>3⑤</td></tr>
<tr><td>7</td><td colspan="2">搜救定位装置(SART) ③</td><td>2⑤</td><td>2⑤</td><td>2⑤</td><td>2⑤</td></tr>
</table>

注:①应具有无线电话、DSC 收发和 DSC 连续值班功能。

②在国际海事卫星覆盖的范围内而该海区又未能提供国际航警电传业务,应配备 1 台接收海事卫星增强群呼(EGC)系统播发海上安全信息的设备,但如船舶仅航行于提供了高频直接印字电报海上安全信息业务的海区且该船已装备了能接收这种业务的设备,则可免除本项要求。

③应为 9 GHz 频带或 AIS 专用频率上工作的搜救定位装置。

④如选用 INMARSAT 船舶地球站,则必须增配 1 台中频无线电装置。

⑤船长小于 45 m 的船舶,可减少 1 台。

⑥如选用中频/高频(MF/HF)无线电装置,则应增配 1 台直接印字电报设备。

船长不小于 45 m 的渔船如选用双套作为设备可用性,则应增配甚高频(VHF)无线电装置 1 台和中频/高频(MF/HF)无线电装置或 INMARSAT 船舶地球站(SES)1 台。

第二节 渔业船员的职务职责

渔业船员经相关培训、考试或考核合格,取得相应渔业船员证书后,方可在渔业船舶上工作。在远洋渔业船舶上工作的中国籍船员,还应按照有关规定取得中华人民共和国海员证。现行《中华人民共和国渔业船员管理办法》(以下简称《渔业船员管理办法》)于 2014 年 5 月 23 日公布,自 2015 年 1 月 1 日起施行。新的《渔业船员管理办法》将驾驶人员的分级标准由吨位调整为船舶长度,取消有限航区和无限航区的划分,明确海洋职务船员的驾驶人员包括船长、船副和助理船副,轮机人员包括轮机长、管轮和助理管轮,等级均分为三等,使海洋渔业职务船员各类岗位层级较之前减少了 65%。

一、海洋渔业职务船员证书等级

1. 驾驶人员证书

(1)一级证书:适用于船舶长度 45 m 以上的渔业船舶,包括一级船长证书、一级船副证书;

(2)二级证书:适用于船舶长度 24 m 以上不足 45 m 的渔业船舶,包括二级船长证书、二级船副证书;

(3)三级证书:适用于船舶长度 12 m 以上不足 24 m 的渔业船舶,包括三级船长证书;

(4)助理船副证书:适用于所有渔业船舶。

2. 轮机人员证书

(1)一级证书:适用于主机总功率 750 kW 以上的渔业船舶,包括一级轮机长证书、一级管轮证书;

(2)二级证书:适用于主机总功率 250 kW 以上不足 750 kW 的渔业船舶,包括二级轮机长证书、二级管轮证书;

(3)三级证书:适用于主机总功率 50 kW 以上不足 250 kW 的渔业船舶,包括三级轮机长证书;

(4)助理管轮证书:适用于所有渔业船舶。

3. 机驾长证书

适用任职于船舶长度不足 12 m 或者主机总功率不足 50 kW 的渔业船舶,驾驶与轮机岗位合一的船员。

4. 电机员证书

适用于发电机总功率 800 kW 以上的渔业船舶。

5. 无线电操作员证书

适用于远洋渔业船舶。

二、内陆渔业职务船员证书等级

1. 驾驶人员证书

(1)一级证书:适用于船舶长度 24 m 以上设独立机舱的渔业船舶;

(2)二级证书:适用于船舶长度不足 24 m 设独立机舱的渔业船舶。

2. 轮机人员证书

(1)一级证书:适用于主机总功率 250 kW 以上设独立机舱的渔业船舶;

(2)二级证书:适用于主机总功率不足 250 kW 设独立机舱的渔业船舶。

3. 机驾长证书

适用任职于无独立机舱的渔业船舶,驾驶与轮机岗位合一的船员。

普通船员是职务船员以外的其他船员。普通船员证书分为海洋渔业普通船员证书和内陆渔业普通船员证书。

三、渔业船员职责

1. 船长的职责与权利

船长的职责与权利包括：

(1)船长是全船的领导人，对生产、生活、安全负有全面责任。对外有权代表本船进行各项工作的联系，模范执行国家的政策法令和各项港航法规。

(2)掌握本船结构性能，主辅机及各种机械、设备、仪器的概况；督促各职能部门或有关个人使其处于良好状态，确保渔船在开航时适航、船员适任。

(3)拖网渔船在生产作业及航行中，头船船长应将生产意图及时通知二船船长。二船船长要服从头船船长的领导并及时提出合理化建议。

(4)进出港口、狭窄水道、船只密集海域，遭遇恶劣天气、抛起锚或当值人员叫请时，应亲自驾驶或在场指挥。

(5)根据生产和渔场、渔获物的变化，及时指导船员做好检查和调整网具。

(6)督促检查锚泊停泊值班并认真记好航海日志。

(7)对海损、作业事故，采取应急措施妥善处理。遇难弃船时，船长应最后离船。

(8)坞修期间协同验船部门和厂方详细检查船体，制订坞修计划，并督促执行，检查验收。

2. 船员职责

船员职责包括：

(1)必须携带真实有效的渔业船员证书；

(2)服从渔业船舶上的管理制度；

(3)服从船长及上级职务船员在其职权范围内的命令；

(4)按期参加渔业船舶应急训练、演习，熟知各项应急措施；

(5)发现海上事故时，及时上报，并在不严重危及自身安全的情况下，尽力救助遇难人员和船舶；

(6)不利用渔业船舶私载，不携带违禁物品；

(7)不在生产航次中辞职或擅离职守；

(8)熟悉本船操纵性能，按要求参加航行值班；

(9)如实填写相关船舶法定文书；

(10)努力学习，不断提高业务技术水平，认真执行安全操作规则和规程。

第三节　渔船应急预案及演练

船舶在海上航行发生各种意外事故或紧急情况时，采取的紧急处置措施和方法，称为船舶应急或船舶应变，一般分为消防、救生、堵漏、油污等。一般船上都会根据船上人员情况、本船设备和状况，编制船舶应变部署表和船员应变部署卡(见表 2-8)，明确每名船员在紧急情况下的岗位及任务，通过定期演习、训练，使每名船员能够在发生紧急情况时，熟练采取措施，有效控制危险局面。

表 2-8　船员应变部署卡

<table>
<tr><td colspan="4">应变部署卡 EMERGENCY CARD
船名 M/V：____________</td></tr>
<tr><td colspan="2">编号 No：</td><td>姓名 Name：</td><td>职务 Rank：</td></tr>
<tr><td colspan="2">艇号 Boat No：</td><td colspan="2">消防集合地点 Fire muster station：</td></tr>
<tr><td rowspan="2">弃 船
Abandon ship</td><td>信号
Signal</td><td colspan="2">· · · · · · · —七短声一长声，重复连放一分钟 Abandon ship alarm：seven short blasts with one long blast repeated for one minute.</td></tr>
<tr><td>任务
Duty</td><td colspan="2"></td></tr>
<tr><td rowspan="2">消 防
Fire control</td><td>信号
Signal</td><td colspan="2">· · · · · · · · · 短声连放一分钟 Fire control alarm：short blasts continued for one minute，随后：一长声（船前部失火），二长声（船中部失火），三长声（船后部失火），四长声（机舱失火），五长声（上甲板失火）Thereafter，one long blast stands for fore part，two for middle part，three for aft part，four for engine room，five for upper deck.</td></tr>
<tr><td>任务
Duty</td><td colspan="2"></td></tr>
<tr><td rowspan="2">人员落水
Man overboard</td><td>信号
Signal</td><td colspan="2">— — —连续三长声 Man overboard alarm：three long blasts，随后：一短声（右舷落水），二短声（左舷落水）Thereafter，onc short blast stands for starboard，two for port side.</td></tr>
<tr><td>任务
Duty</td><td colspan="2"></td></tr>
<tr><td rowspan="2">溢 油
Oil spill</td><td>信号
Signal</td><td colspan="2">· — — · 一短声二长声一短声，重复连放一分钟 Oil spill alarm：one short blast，two long blasts and one short blast repeated for one minute.</td></tr>
<tr><td>任务
Duty</td><td colspan="2"></td></tr>
<tr><td rowspan="2">堵 漏
Plugging</td><td>信号
Signal</td><td colspan="2">— — · 二长声一短声，连放一分钟 Plugging alarm：two long blasts with one short blast repeated for one minute.</td></tr>
<tr><td>任务
Duty</td><td colspan="2"></td></tr>
<tr><td colspan="4">解除警报：— 一长声 Signal for dismissal：one long blast.</td></tr>
</table>

一、船舶应变演习规定

1. 船舶“四防”应变演习部署制度应包括以下内容：

（1）救生应变部署；

（2）进水堵漏部署；

（3）消防应变部署；

（4）防雷雨大风应变部署。

2. 应变演习每半年举行一次，在船长或有关领导的指导下进行，重大节日前必须进行演习。

3. 应变演习信号发出时，全体船员应迅速带齐应变部署表所规定的工具、器材奔赴现场或岗位进行施救，完毕后必须把工具及器材放回原处。

4. 每次消防救火演习应进行灭火器材的实施示范。

5. 演习结束后，应立即进行总结，并将演习情况用红笔写入航行日志。

6. 记录演习内容包括：

(1)时间、地点、参加人员、演习的项目；

(2)记录组织情况、集合情况、秩序情况及动作熟练程度；

(3)记录灭火器材、堵漏器材的使用情况及水龙的射程；

(4)记录缺席人员的名单和缺席原因；

(5)记录在演习中发现的优缺点，以及今后的改进方法；

(6)每次演习必须严肃认真，使之达到预期的效果。

二、船舶交通事故报告的内容和要求

1. 船舶发生交通事故后，应当立即向就近的渔政渔港监督管理机关报告，最迟须在 48 小时内向渔政渔港监督管理机关递交《船舶交通事故报告书》，接受调查处理。

2.《船舶交通事故报告书》要求填报以下内容：

(1)发生事故的时间；

(2)发生事故的具体地理位置；

(3)发生事故的天气情况、航道水深、水流、风向；

(4)发生事故的详细经过；

(5)发生事故的船舶资料；

(6)值班人员名单；

(7)采取的抢救措施及损坏、损失详细情况；

(8)发生事故的现场图。

三、海事应急措施

(一)船舶火灾应急措施

当船舶发生火灾时，应结合当时情况尽可能采取如下应急措施：

1. 立即发出消防警报，全船人员按应急部署履行各自职责。

2. 航行中发生火灾，应立即减速并改变方向，使失火部位转向下风；在港内，应远离船群，并采取措施，封闭起火部位的通风口，以隔绝空气。

3. 寻找火源，切断通往起火部位的电源、油路等。

4. 移走火场附近可燃物，用水冷却火场周围的舱壁和甲板。

5. 根据火源、火灾性质、燃烧范围及火势等，选择合适的灭火器灭火。

(1)木材、棉花、网衣等物品着火时，用水、二氧化碳灭火器或泡沫灭火器扑救。

(2)油类起火时，可用泡沫灭火器、干粉灭火器等专业灭火设施，也可用湿毛毯、棉被、沙子等扑救，但不能用水救火。

(3)电气起火时,可用二氧化碳灭火器、干粉灭火器扑救,在电源切断前不得用水或泡沫灭火剂灭火。

(4)灭火时,应站在上风处,一方面不致烟呛、火烫,同时灭火器的粉、液不致伤及人身。

6. 在自力无法灭火时,应及时、果断请求外援,以免耽误救火最佳时机。

7. 火灾扑灭后,应清理现场,彻底扑灭余火,防止复燃。

8. 船员身上衣服着火,应迅速脱下着火的衣服,或就地打滚灭火,或跳进就近水源中。

(二)船舶进水应急措施

船舶一旦进水,堵漏应急通常分为排水、隔离、堵漏和救护,并应按下列程序和方法进行:

1. 发现船舶漏损进水,应立即发出堵漏警报。全体船员听到警报后(除固定值班人员外),应按应变部署表、船舶进水应急计划的分工,携带规定堵漏器材,迅速赶赴现场,做好堵漏准备。

2. 现场指挥应率领堵漏和隔离人员,迅速查明堵漏部位、损坏情况和进水量等,立即报告船长确定施救方案,指挥人员投入抢救。

3. 应测量淡水舱、污水舱及油舱液位,测定破洞的位置、大小及进水情况。查找漏损部位的方法包括:测量舱柜液位、倾听各空气管内有无水声、观察船旁水面有无气泡和旋涡、在舱内听声和目测漏损部位等。

4. 船舶发生漏损后,船长应通知机舱备车,立即采取停车或减速措施,以减少水流和波浪对船体的冲击,若已知漏损部分,则应用车舵配合将漏损部位置于下风侧,以减少进水量。

5. 一经发现进水部位,应立即通知机舱排水,同时应紧闭进水舱四周的水密门和隔离阀等,使进水舱与其他舱室隔离,必要时应加固邻近舱壁。

6. 组织人员直接担负堵漏和抢修任务,实施行之有效的堵漏措施。船长应根据漏情发展,及时调整部署。

7. 轮机长应使用所有水泵(包括便携式水泵)全力排水,并根据情况注入、排出和转移压载水,保持船体平衡。

8. 指派人员定时量水,并派专人不断观察和记录前后吃水和干舷高度变化,估算进水量和排水量之差,判断险情的发展和大量进水对船舶稳性及浮力的影响。

9. 若进水严重或情况紧急,船长应请求第三方援助,并尽可能择地抢滩。

10. 船长应指示值班驾驶员做好详细记录,并向渔政管理机构报告。

(三)能见度不良情况下的船舶应急措施

1. 准备工作

准备工作包括:

(1)确定船位;

(2)了解本船附近船舶动态和方位;

(3)加强瞭望,谨慎驾驶;

(4)检查各种设备仪器,保持水密,备好防水、堵漏器材。

2. 操纵要领

操纵要领包括:

(1)坚持使用安全航速。如船速太快,则容易发生碰撞、搁浅等事故,故应以安全航速行驶。

(2)转向避让。听到他船声号后,尚未判明他船方位、去向时,不可盲目转舵,应降低车速或停车,直至确信危险已过。

(3)根据船舶动态鸣放相应声号,并正确显示号灯号型。

(4)加强瞭望。

(5)全船保持安静,以便收听他船雾中声号。

(6)对本船船位无把握或有疑问时,应选择就近抛锚。

(四)大风浪天气下的船舶应急措施

1. 准备工作

准备工作包括:

(1)保持船体水密。船上所有水密门、舷窗、舱口、通风口及锚链筒等处要及时加固或加盖,以保持水密,防止进水。

(2)保持排水畅通。所有排水机械、管路、阀门及甲板排水门等都应处于良好状态。

(3)固定一切活动物品,如渔获物、锚、网具等;调整舱内外可调物品,尽可能地降低船舶重心,提高稳性,以防船舶摇晃时重心移动,影响稳性。

(4)检查航行、救生、堵漏设备,确保其处于良好状态。

(5)注意压载。轻载船舶应注意压载,保持适当尾倾,防止飞车和空舵。

2. 操纵要领

操纵要领包括:

(1)调整好船速和航向,避免船舶摇摆周期与波浪周期接近,产生共振,损坏船体;

(2)避免船首或船尾与波浪正面接触,或受波正横向冲击;

(3)应选择波浪相对较小时转向,严禁大舵角快速转向;

(4)尽量偏浪航行,船体应与波浪保持20°左右角度,同时要尽量降低重心,保持良好稳性,防止飞车和空舵现象。

(五)船舶碰撞应急措施

1. 船舶发生碰撞事故后应立即停车,保持冷静,避免因惊慌失措而扩大损失。

2. 碰撞后立即报告船长,船长必须迅速组织施救。

3. 立即与对方取得联系,问清对方船名、国籍、船舶总吨、实际载货吨、货物名称,并进行登记。

4. 如碰撞后双方未脱开,在未查清双方损失情况前,应首先采用微进车顶住对方,待查清损坏情况,征得对方同意后,方可设法脱开。特别是当船首撞入他船舷内时,切不可盲目倒车推出,以免对方船舶迅速进水而沉没,使事故扩大,应采取慢车顶住,甚至用缆系住,不使两船脱开,待采取紧急措施后才可离开。

5. 通知机舱检查主机、辅机的工况,并备妥全部排水泵和发电机,做好应急施救准备。

6. 若一方或双方均严重损坏,脱开可能造成大量进水,则按船舶应变部署表采取堵漏措施,确认脱出后不会造成船舶沉没,方可用车设法脱开。

7. 应测量油舱、水舱的油水存量，观察并记录油位、水位的变化，用以判定本身进水情况。如破损进水，应立即组织堵漏排水，关闭水密隔墙和水密门窗，如附近有浅水区，则应迅速驶往浅水区停泊。

8. 如自救后，船舶仍然下沉，则可采取打出压载水、抛丢货物等措施，以维持船舶浮态，并设法就近抢滩，尽力避免船舶沉没。当船舶有沉没危险时，应立即加车抢往浅处搁浅。

9. 夜间两船发生碰撞，均应开启全部照明设备，以避免增加海损。

10. 两船发生碰撞后，如对方处于危险状态，则应在保证车船安全的前提下，全力设法救助，但必须在了解对方需要救助并经对方同意后才能行动。

11. 若碰撞后情况严重，则应立即发出求救信号，以便附近和过往船舶尽速前来救援。

12. 检查情况或采取自救措施后，判明自救不能脱离危险，应及早按船舶应变部署表向他方求援。

13. 如碰撞后无法抢救，必须弃船的，应做到有条不紊，按《弃船须知》实施。

14. 应将详细情况记入航海日志，并妥善保存。

（六）船舶搁浅或触礁应急措施

1. 航行中发现船舶即将搁浅时，值班驾驶员应立即停车和尽可能地立即发警报召集船员，报告船长和通知机舱。

2. 在船长指挥下，迅速了解搁浅部位情况，测量和记录船舶四周（尤其是船尾）水深，驾驶员应在驾驶台协助船长测定船位和估算潮水等，所有探测结果必须及时报告船长，供判断决策。

3. 发现船舶进水，应立即按堵漏应变部署进水应急计划，组织排水、水密隔离和堵漏，同时判断可否立即动车脱浅。

4. 轮机长指挥机舱人员检查主机、舵机和辅助机械有无损坏并报告船长。根据船长指示备妥主副机。

5. 船长应根据各方反馈信息，结合外界的风流和潮汐情况，进行综合分析和估算自力脱浅所需拉力，采取适当行动，使船舶重新起浮或保持安全状况。

6. 若船舶在低潮时搁浅，则应积极采取调整前后吃水，减少压载水或淡水，转移燃油或压载水，转移部分货物或物料等起浮措施，在下一高潮到来前做好一切起浮准备。

7. 当船舶或人员安全受到严重威胁时，应立即联系海事部门或就近船舶协助施救。

8. 船舶若运用本船主机和锚具自力脱浅不成功，船长应立即申请外力脱浅或救援。候援期间，船方应尽力固定船位，包括调整载荷和使用锚具等。

9. 警惕潮水和风流对船舶强度和稳性的不良影响，防止船舶破损、断裂、打横、被风浪推上高滩和严重横倾乃至倾覆。必要时，应请示船长放下高舷救生艇，以免过度横倾。

10. 值班驾驶员应详细记录船舶搁浅、触礁情况。

11. 船舶搁浅、触礁后发生油污泄漏，应按油污应急情况处理。

（七）人员落水应急措施

1. 航行中发现有人落水后，首先通知驾驶室停车，向落水者一舷操满舵，注意船尾不要接近落水者，防止桨或舵伤及落水者。

2. 派专人瞭望，盯住落水者，夜间用探照灯照射，同时鸣放人员落水声号。

3. 迅速将救生圈投往落水者上风向,防止打伤落水人员。

4. 救护人员也应穿好救生衣,并放出足够长度的绳索。

5. 如未发现落水者,则应立即向任一舷打满舵,旋回寻找。

落水者应采取的自救措施:

(1)选择正确的游泳姿势。一般应选用仰泳姿势,以减少体力消耗。

(2)脱掉或者割破穿着的塑料连衣裤,防止下肢浮起导致人倒立于水中。

(3)利用衣服自制临时浮具。

(4)捞取海上漂浮物充当浮具。

(5)除非过往船舶已经发现落水者,否则不应做无效果的游泳,避免消耗体能。

(6)当接近过往船舶时,应采取立泳,将手举出水面摆动,在 1 000 m 以内时大声呼救。

(八)保护人员安全的应急措施

1. 将人员撤离至安全区域

船舶发生碰撞、火灾、爆炸等紧急情况时,应迅速将相关人员撤离事故现场,转移至安全区域。遭遇海盗时,应尽可能将船员迅速撤离至预先设定的安全区域。对于武装海盗,在生命尚未受到严重威胁时,船员不要鲁莽进行反抗,以避免不必要的报复行动和伤亡。

2. 伤员救治

在紧急情况下有人员伤亡时,若在港内,可以立即联系并就近送往医院治疗;若在海上,可根据船舶具体情况,按照船舶医疗指南的指导,由负责的驾驶员进行治疗。当伤势严重、船上条件限制等原因无法进行有效治疗时,经由船长请示船东后可申请医疗援助或驶往最近港口治疗。

3. 争取外界援助

船舶遇到紧急情况,特别是较严重的海上事故时,应首先立足于自救,即按应变部署尽力采取必要的应急措施进行自救。如果船舶受损程度已经超出自救的可能范围,或经努力后仍无保证安全的希望时,则应在继续采取自救措施、争取时间的同时争取外界救助。

4. 弃船

当船舶确实无法挽救且危及船员人身安全时,船长可做出弃船决定。弃船时,应按照船长最后离船的原则,有秩序的安全迅速地撤离。

(九)防范海盗及暴力袭击的应急措施

1. 海盗袭击规律

(1)海盗通常在夜间,特别是 01:00~06:00 袭击船舶;

(2)海盗一般以一艘或多艘小艇靠近船舶,并使用带钩的绳索登船;

(3)登船地点一般选在船尾,如果船舶干舷较低,也可能从舷侧登船;

(4)海盗登船后的抢劫目标首先是船长室,因为那里是保险柜及钥匙的存放地。

2. 防范海盗的基本原则

(1)加强值班,及早发现可疑船舶和人员,并用一切有效手段如灯光、警铃警告他们已被发现;

(2)使用一切手段阻止海盗登船；

(3)发现海盗登船，应迅速集合船员，占据有利位置，尽力驱赶海盗下船；

(4)为防止海盗报复，驱赶海盗时可用水龙或其他机械，不要造成人身伤亡；

(5)如被海盗抢劫但损失不大，不要穷追不舍；

(6)如海盗已登船，要尽力保证船员安全，避免与武装海盗对峙，降低伤亡；

(7)应尽可能将人员、财产损失降到最低程度。

3. 防范海盗的行动

(1)提高警惕，保持24小时监视与安全值班；

(2)值班人员应对小艇和渔船保持特别的雷达观测和加强瞭望；

(3)加强夜间值班和巡逻，尤其是01:00~06:00之间，巡逻人员与驾驶员保持密切联系；

(4)除紧急逃生需要外，封闭进入船内的一切通道；

(5)尽量增设甲板和舷外照明灯；

(6)将可盗走的重要物品、设备等移至安全场所，减少损失；

(7)制订防范海盗的安全计划，并举行演习和训练。

4. 发现海盗时的行动

(1)第一个发现海盗者，应立即通知值班驾驶员，如可行，应立即执行防范海盗计划规定的程序；

(2)鸣放预先规定的警报，通知全体船员；

(3)用探照灯照射海盗船；

(4)操作水龙带使海盗无法靠近；

(5)燃放火箭信号，向海岸和附近船舶报警；

(6)如海盗正在用带钩绳索尝试登船，则设法砍断其绳索。

5. 海盗已登船的行动

(1)将船员撤至预先安排的安全区；

(2)设法向沿岸就近的港口主管机关报告，寻求援助；

(3)对武装海盗要避免冲突，防止人员伤亡。

(十)避免商渔船碰撞的应急措施

1. 商船应熟悉沿海休渔规定，针对渔区和渔船特点，采取相应对策

(1)在设计航线时，应当充分考虑渔船的安全避让。在设计航线前，应熟悉各个渔区和休渔期的情况，了解所航经渔区及其周围环境、海上气象、潮汐潮流等情况。如可行，航线应尽可能避开渔区，适当远离岸边航行，以避开或减少与渔船的相遇，尽量避免驶入渔船密集的地方。如在所经水域有分道通航制，应当尽可能使用分道通航制；如没有分道通航制，应当尽可能使用海上的习惯主航路。选择海上的习惯主航路航行有较大的优点，一是离岸边距离适当，二是渔民了解，一般情况下极少有渔船选择在此水域从事捕鱼工作，因此按习惯主航路航行，极大地减少了与作业捕鱼船相遇的机会。

(2)对渔船不遵守《1972年国际海上避碰规则》和其他航行规定的情况要有充分的思想准备，加强瞭望，以安全航速行驶，对渔船尽可能采取早让、宽让。由于渔船船员对《1972年国

际海上避碰规则》理解不甚全面、为争抢鱼汛多捕鱼等各方面的原因,渔船往往不遵守有关的航行、避碰规定,尤其是在休渔期结束后20天内更是如此,因此,商船船员对此应当有充分的思想准备。

在瞭望方面,应当加强瞭望、及时开启雷达,必要时加派瞭头和请船长上驾驶台亲自指挥操纵船舶。

在安全航速方面,应当保证在任何时候均以适合当时环境和情况的安全航速行驶,在接近渔船密集区时,应提前通知机舱备车、减速航行。

在避让方面,应当严格遵守避碰规则"早、大、宽、清"的要求,及早采取行动,化解碰撞危险。

(3)在休渔期结束时,成千上万的渔船一起驶往渔区,渔船与商船交汇局面急剧增加,商船不但应当保持高度戒备,而且应当根据渔船成群结队朝一个方向航行的特点,及早制定避让方案,充分注意到渔船不愿让商船穿插其间的情况,尽可能避免从渔船船队中间穿越,避免发生碰撞事故。

(4)在休渔期结束后的最初一段时间内,渔船为争抢鱼汛多捕鱼,违反航行、避碰规则的情况大大增加,商船在渔区航行时,航行船舶应当及时收听海事管理机构、交管中心(VTS,Vessel Traffic Service)、海岸电台等播发的安全提醒信息,了解渔船动态,及时避让渔船。

(5)在鱼汛季节,商船应当尽可能了解鱼汛、潮汐和潮流的情况和渔船捕鱼的方式,掌握渔船捕鱼的交通流总流向,并提前制定相应的避让方案。如从渔船渔具伸出方向通过,应注意避开渔船渔具,避免渔船为保护渔具而采取的一些不当措施而与商船发生碰撞。在渔船密集区域,应当通过雷达观察等手段,找出渔船相对稀少的水域,谨慎操纵船舶从该水域通过,避免船舶进入渔船密集区域而发生危险。

此外,商船在避让从事捕鱼的船舶、让清渔船的同时,还应让清渔船所使用的渔具。在避让中,应当注意如下事项:

(1)在雾中应加强雷达瞭望,即使雷达上没有发现渔船,也应按章鸣放雾号。

(2)一旦误入渔网或穿过渔网时,应立即停车淌航,以免螺旋桨被渔网缠绕。

(3)对于未从事捕鱼作业的机动渔船,尽管不属于"从事捕鱼作业的船舶",也不享有直航的权利,但应注意此类渔船上的驾驶员并不一定对此有清楚认识,必要时应主动避让。

(4)渔船在使用国际信号简语时,单字母旗的含义如下:

G——"我正在收网";

Z——"我正在放网";

P——"我的网已紧紧地挂在障碍物上";

T—表示"我正在从事成对底拖捕鱼作业,避开我",或者用一长声表示。

2. 渔船应根据自身船舶作业特点,积极采取避让措施

(1)应了解水道、航路分布,尽可能避开商船习惯航路和交通流密集水域作业;

(2)遵守相关海上避碰规则,加强值班,特别是夜班的航行、作业值班,加强瞭望,主动做好与商船的沟通联系;

(3)尽可能编队出海作业,严禁"带病"出海;

(4)严禁超抗风等级、超航区、超载、载客,禁止"抢船头"航行;

(5)在航行和作业期间,船员应重视安全意识、责任意识、法律意识,并注重自身业务能力

的提高。

本章思考题

1. 渔船开航前,渔业船舶所有人应确保哪些事项?
2. 渔船开航前,船长应当保证做到哪些事项?
3. 渔船应保持的正规瞭望包括哪些内容?
4. 拖网作业放网与带网时有哪些注意事项?
5. 围网作业起网时有哪些注意事项?
6. 小型渔业船舶救生设备配备有哪些要求?
7. 渔船船长的职责与权利是什么?
8. 渔船船员有哪些职责?
9. 渔船应变演习有哪些规定?
10. 渔船发生火灾时有哪些应急措施?

第三章　其他相关规定

第一节　休渔期制度

一、背景介绍

渔业资源是可再生资源，但过度捕捞会造成渔业资源的枯竭，造成渔业生产的崩溃。为了保护海洋渔业资源和渔民的长远利益，多年来各级人民政府和渔业行政主管部门采取了许多保护渔业资源的措施，如建立禁渔区和禁渔期、控制捕捞强度、进行作业结构调整等，这些措施对于保护渔业资源发挥了重要的作用。但是近年来，我国海域捕捞强度频频超过海洋资源的再生能力，渔业资源的开发利用已呈现过度状态，渔业资源严重衰竭，主要经济鱼类资源大量减少，海洋渔业出现效益下降、渔船停产、渔民收入下降等严重问题，已成为影响渔区经济发展和社会安定的不利因素。严峻的事实告诉我们，必须尽快实行强有力的政策以保护渔业资源。从我国的国情看，休渔制度是当前一项重要的、有效的保护渔业资源的措施。休渔有利于渔业资源的保护和恢复，有利于渔业生态的改善，有利于渔民的长远利益，有利于促进渔业的持续、稳定、健康发展。

20 世纪 80—90 年代中期，我国海洋捕捞渔业迅速发展。同时，渔业面临着过度投资、种群枯竭、渔获物质量下降、资源利用冲突加剧等问题，渔业资源的可持续利用受到严重制约。针对现状，政府采取了许多渔业资源养护及管理措施，其中，休渔制度已经成为我国最有成效的渔业管理措施之一，并为渔业的可持续发展发挥着极其重要的作用。早在 1955 年，我国就开始运用休渔措施保护渤海、黄海和东海的渔业资源，国务院发布的《关于渤海、黄海及东海机轮拖网渔业禁渔区的命令》中明确规定了禁渔区的范围，在东海、黄渤海海域实行全面伏季休渔制度。1975 年，中日两国签订《中日渔业协定》，明确规定了休渔区及休渔时间；1979 年，浙江省水产局率先提出伏季休渔的保护措施。根据农业部农渔发〔1999〕2 号文件的规定，从 1999 年开始，南海海域也开始实施伏季休渔制度。至此，我国在黄渤海、东海、南海海域都实行了全面的伏季休渔制度。2013 年，为进一步贯彻落实《中国水生生物资源养护行动纲要》，更好地养护和合理利用海洋生物资源，农业部本着科学合理、统筹兼顾和切实可行的原则，决定将黄渤海区刺网休渔时间调整为每年 6 月 1 日 12 时至 9 月 1 日 12 时，东海区、南海区刺网休渔政策暂不变更。

二、休渔制度定义及概述

休渔制度是经国家有关部门批准、由渔业行政主管部门组织实施的保护渔业资源的一种制度。为了让海洋中的鱼类有充足的繁殖和生长时间，规定在每年的一定时间、一定水域内不得从事捕捞作业。因该制度所确定的休渔时间处于每年的三伏季节，所以又称伏季休渔。

休渔期就是禁渔期，根据水生资源的生长、繁殖季节习性等，避开其繁殖、幼苗生长时间，用以保护资源。根据改进的罗杰斯特阻滞增长模型做估算，休渔可以以最大效益为目标，也可以以最大渔获量为目标，达到捕获更多的目的。休渔期一般是在伏季，另外还有由于不同海区的鱼类繁殖期不同而设定的禁渔区，那是常年不允许捕捞的，主要是繁殖场或越冬场等。

随着海洋渔业资源的枯竭和国家对海洋渔业资源保护力度的加大，对休渔作业类型的控制越来越严格，如2014年的休渔规定中，不同的海域被规定了不同的休渔作业类型，其中东海、黄海：35°N以北海域，休渔作业类型为拖网和帆张网作业；35°N至26°30′N海域，休渔作业类型为拖网（桁杆拖虾暂时除外）和帆张网作业；26°30′N以南的东海海域，休渔作业类型为拖网和帆张网作业；南海：12°N以北海域（含北部湾），休渔作业类型为除刺网、钓业和笼捕外的其他所有作业类型；闽粤交界海域：按农业部有关要求，22°30′N至23°30′N、117°E至120°E的海域，除执行东海、南海有关休渔规定外，所有灯光围网作业同时实行休渔。在2017年的休渔规定中，对渤海、黄海、东海及12°N以北的南海（含北部湾）海域，休渔作业类型为除钓具外的所有作业类型。同时，规定对渔船和专项作业也进行了严格管理：伏季休渔期间所有休渔渔船必须回到船籍港接受渔业行政主管部门的监督管理，禁止异地休渔。渔业捕捞辅助船同步配套休渔，伏季休渔期间禁止出海。特殊经济品种可执行专项捕捞许可制度，具体品种、作业时间和作业类型由沿海各省、自治区、直辖市渔业行政主管部门报农业部批准后执行。

三、农业部海洋伏季休渔有关规定

农业部每年都会根据实际情况发布海洋伏季休渔规定。2017年1月19日，农业部发布《农业部关于调整海洋伏季休渔制度的通告》（农业部通告〔2017〕3号），标志着我国正式实施新的海洋伏季休渔制度。

1. 休渔海域

休渔海域为渤海、黄海、东海及12°N以北的南海（含北部湾）海域。

2. 休渔作业类型

休渔作业类型指除钓具外的所有作业类型。为捕捞渔船配套服务的捕捞辅助船同步休渔。

3. 休渔时间

（1）35°N以北的渤海和黄海海域的休渔时间为5月1日12时至9月1日12时。

（2）35°N至26°30′N之间的黄海和东海海域的休渔时间为5月1日12时至9月16日12时；26°30′N至“闽粤海域交界线”的东海海域的休渔时间为5月1日12时至8月16日12时。在上述海域范围内，桁杆拖虾、笼壶类、刺网和灯光围（敷）网的休渔时间为5月1日12时至8月1日12时。

(3)12°N 至“闽粤海域交界线”的南海海域(含北部湾)的休渔时间为 5 月 1 日 12 时至 8 月 16 日 12 时。

(4)定置作业休渔时间不少于 3 个月,具体时间由沿海各省、自治区、直辖市渔业主管部门确定,报农业部备案。

(5)特殊经济品种可执行专项捕捞许可制度,具体品种、作业时间、作业类型、作业海域由沿海各省、自治区、直辖市渔业主管部门报农业部批准后执行。

(6)沿海各省、自治区、直辖市渔业主管部门可以根据本地实际情况,在国家规定的基础上制定更加严格的资源保护措施。

(7)“闽粤海域交界线”是指福建省和广东省间海域管理区域界线以及该线远岸端(117°31′37.40″E,23°09′42.60″N)与台湾岛南端鹅銮鼻灯塔(120°50′43″E,21°54′15″N)的连线。

四、休渔制度取得的效果及局限性

20 世纪 80 年代,我国开始有效实施休渔制度,经过 30 多年的发展,取得了十分显著的生态效益、经济效益和社会效益,但其面临的局限性也依然存在。

1. 生态效益方面

在生态效益方面,制度的实施一定程度地遏制了海洋渔业资源衰退和海洋生态环境恶化的势头。

20 世纪 80 年代中期至 90 年代中期,我国面临着海洋渔业资源严重衰退和海洋生态环境日益恶化的严峻局面,这也是国家决定在全国范围内实施休渔制度的主要背景和初衷。休渔制度在时间选择上,主要集中在每年的春夏季,即主要海洋生物种类的繁殖期和幼体生长期。实施休渔制度,可以相对有效地保护海洋生物的产卵群体和幼生群体,增加补充群体数量,使主要海洋渔业资源品种得到普遍养护,并有利于资源群落结构的改善。根据黄渤海区资源调查监测数据显示,实施休渔后,多年未在渤海湾出没的小黄鱼、秋刀鱼、中国对虾等渤海特产开始重现渤海湾,鲅鱼、海蜇、梭子蟹、毛虾等出现恢复迹象,个别种类产量明显增加。历年东海区拖网监测数据表明,1990 年—1994 年,9 月份带鱼资源密度指数较 6 月份的增长倍数为 2.64 倍,而 1995 年—2001 年和 2009 年—2013 年,其增加倍数分别达到 4.34 倍和 6.9 倍。根据理论模型研究分析结果,在现有捕捞力量和强度不变的情况下,东海区实施 3 个月休渔,能够使东海带鱼年平均资源量增加 89%,年产量增加 29%,渔获物平均体重增加 42%,使小黄鱼资源增重率达到 1.71 倍。同时,由于减少了拖网等休渔渔具对海洋生物栖息环境的破坏,也有益于保护和改善海洋生态环境。

2. 经济效益方面

在经济效益方面,制度的实施也一定程度地提高了渔业生产效率和渔业生产效益。

通过长期不懈地实施休渔政策,为海洋生物资源的休养生息提供出一定时间和空间,对维持我国海洋捕捞生产发挥了积极作用。1998 年以来,我国国内海洋捕捞产量始终稳定在 1300 万吨左右,部分渔业资源种类产量还有所提高。如 2005 年—2013 年,东海区主要捕捞对象带鱼、小黄鱼、鲳鱼的年平均渔获量为 72.8 万吨、13.0 万吨和 21.2 万吨,分别较 1995 年增长了 46.5%,420%和 278.6%。尤其在当前我国海洋捕捞力量接近饱和以及海洋捕捞产量相对稳定的情况下，由于每年使10万多艘渔船缩短了2~3个月的作业时间，变相提高了渔业生产效率。根据历年渔业统计资料分析，1995至2014年20年间，我国海洋捕捞渔船平均单位功率渔获量较1985年—1994年提高了近20%。在经济效益方面，作业时间的缩短，减少了柴油等渔需物资的消耗，降低了捕捞生产成本，提高了捕捞生产效益。以休渔期间船用柴油消耗成本为例，根据测算，1对300~450 HP拖网渔船，每年实施3个月休渔，可节省燃油费用70万元左右，网具、冰水、人工费等开支也同样大幅度减少。仅东海海区，通过实施休渔，每年就减少柴油消耗50万~70万吨，节约生产成本约30亿元~50亿元，既促进了渔民节支增收，也促进了国家节能减排工作的开展。

3. 社会效益方面

在社会效益方面，休渔制度的实施进一步增强了社会各界的海洋资源环境保护意识和国际社会影响力。

休渔制度是我国实施时间较早、持续时间较长的一项海洋资源环境保护管理措施，经过长期扎实广泛的宣传教育工作，已经为社会各界所熟知，加深了人民对渔业资源保护工作的了解和认识，尤其加速了渔民群众和基层渔业管理人员以往“重生产、轻管理”“重经济效益、轻生态效益”“重眼前利益、轻长远利益”的传统观念转变。渔民群众从由实施休渔之初被动的“要我休渔”逐渐转变为主动的“我要休渔”，很多渔民群众纷纷主动提出延长休渔时间、扩大休渔作业类型以及加强完善休渔管理措施的意见及建议。绝大多数渔民都自觉遵守休渔规定，支持渔政部门开展休渔执法检查，主动举报违规作业渔船，共同维护休渔秩序。各地渔业相关部门还及时把实施休渔与休渔期间开展增殖放流等资源养护活动有机结合起来，积极引导渔民群众和社会各界广泛参与，为休渔工作营造了更加良好的社会氛围。同时，休渔制度作为我国特有的一项渔业资源养护管理措施，休渔范围之广、休渔渔民渔船数量之多，在全世界都是首屈一指的。这不仅对养护我国周边海域的生物资源发挥了重要作用，也充分表明了我国政府保护资源环境的决心和努力。这项制度在国际社会产生了良好反响，得到了积极肯定和高度评价，树立了中国是负责任大国的良好形象，促进和密切了我国与相关国际组织和国家，在海洋生物资源利用保护领域的合作关系。

4. 休渔管理的局限性

休渔管理的局限性客观存在，休渔效果仅体现在当年短期效应。

东海区渔业资源监测表明，每年休渔结束开捕时，渔业资源密度均达到当年最高水平，但往往经过2~3个作业渔期，休渔功效短时间内就被强大的捕捞强度所“淹没”，利用对象主要为当年生补充群体，剩余群体数量未见增加，休渔效果往往体现为当年见效、当年利用的短期行为。以东海带鱼为例，1995年正式实施休渔以来，带鱼达到性成熟时的最小平均体长仍呈下降趋势，幼鱼比例仍逐渐上升，带鱼性成熟提前倾向依然明显，表明带鱼群体结构并未因为实施休渔而出现实质性好转。由此说明，尽管实施休渔产生的效果是积极的、显著的，但任何一项制度都有其自身的局限性，想要仅仅通过单一制度的实施，就能遏制渔业资源严重衰退的趋势甚至实现资源恢复，从根本上解决我国海洋渔业资源养护和可持续利用问题是不现实的。

五、休渔制度会长期坚持，但配套政策要逐步完善

休渔制度在最初制度设计、历次政策调整以及具体组织实施等过程中，始终基于以下三个

主要条件:一是立足于我国海洋捕捞渔船多、渔民多、资源承载重且短时间内难以缓解的基本国情;二是海洋渔业管理和海上执法力量相对不足和薄弱的工作实际;三是我国海洋捕捞渔民的现实承受能力。这三个基本条件,到目前也尚未得到根本性改变,实施休渔的基本前提依然存在。同时近年来,我国水生生物资源养护事业得到蓬勃发展,采取的各项资源养护措施均取得了明显效果。但无论从资源养护管理力度、资源养护效果方面,还是从感召力和影响力方面,还没有任何一项养护管理措施能够起到超越或替代休渔的作用。在当前情况下,休渔制度还是应当长期坚持下去,并继续发挥其应有的作用。

同时,我们应该认识到休渔期的设计显得过时,已适应不了渔业技术的发展,仅仅是对作业类型在时间、空间上实现宏观制约,无法从根本上对捕捞总量和捕捞力度进行管制,不足以在现有的捕捞业技术能力背景下解决过度捕捞问题。“如果不创新出台其他法规制度,按照鱼类的物候差异、种群实况进行科学化、精细化管理,不可能遏制我国沿海渔业资源走向枯竭的趋势。”针对这一问题,可以根据以下建议寻求解决之道:

一是制定和推行渔业配额制度。美、俄、新西兰等国家已有成熟经验。以鱼类的实际生态状况为依据,按鱼种分类精细制定总捕捞额度和规格,以配额方式参照可捕量、捕捞能力市场化合理分配渔获量,允许配额依法转让买卖,非休渔期依法按配额、规格捕捞,濒危鱼种实施零配额。这会大大增加海洋与渔业监察部门负担,相应配套措施应同步跟进。

二是对重要的鱼类产卵场依法设置保护区,保护和促进渔业资源再生产。2007 年至 2017 年 11 年间,我国已先后公布了五百多处国家级水产种质资源保护区,有力促进了我国渔业资源的再生产。

三是大力引导发展休闲渔业,拖网改垂钓,转变传统渔业经济模式,建设海洋牧场。休闲渔业附加值高,能够带动旅游餐饮等服务业的发展,也符合我国国民现有的经济条件。目前,有支付能力的乐渔群体已很可观,有些沿海地区已有相当不错的发展苗头。

第二节 禁渔期制度

为了保护渔业资源的可持续性和生物的多样性,加强对重要渔业资源和珍稀濒危物种产卵场、索饵场、越冬场和洄游通道等重要渔业水域的保护,减缓水生生物多样性下降的趋势,除休渔期制度外,我国还采取了禁渔期制度。禁渔期制度是在天然水域主要经济生物的繁殖期和幼鱼生长期禁止捕捞作业,减少对水生生物产卵群体和幼体的损害,使水生生物资源得以休养生息,是一项直接、有效且国内外通行的水生生物资源养护措施。

一、长江禁渔期制度

长江是我国的第一大河,水系支流众多,流域面积辽阔,水域面积约占全国淡水面积的 50%。同时,长江渔业又是我国淡水渔业的摇篮,鱼类基因的宝库,经济鱼类的原种基地。长江渔业苗种丰富,并有种质优、生长快、抗病力强等特点,在我国淡水渔业经济中具有举足轻重的地位。历史上长江捕捞产量最高的年份达 45 万吨,占全国淡水捕捞产量的 60%;四大家鱼、鳗鱼苗种最高年捕捞量达300亿尾和2亿尾。随着长江流域经济的发展,长江渔业水域生态环境遭到破坏,渔业资源总量大幅下降。根据长江渔业资源监测网10多年的监测,渔业资源的衰退速度在加快,渔业捕捞产量明显下降,一些经济鱼类资源已经走向枯竭。

为了保护长江渔业资源和生物多样性,2002年起,农业部开始在长江中下游试行为期三个月的春季禁渔。2003年起,长江禁渔期制度全面实施,共涉及长江流域10个省(区、市),8100多千米江段。禁渔范围为云南省德钦县以下至长江口的长江干流、部分一级支流和鄱阳湖区、洞庭湖区。葛洲坝以上水域禁渔时间为每年2月1日—4月30日,葛洲坝以下水域禁渔时间为每年4月1日—6月30日。禁渔对象为禁止所有捕捞作业,但实行捕捞限额专项管理的凤尾鱼和长江刀鱼捕捞除外。禁渔期间,同步开展长江渔业资源增殖活动。

长江流域所实施的禁渔期制度是以长江鱼类生态习性等科学资料为基础,结合生产、管理和渔区社会的实际情况,在经过调查研究和反复征求意见的基础上做出的科学决策。因为长江渔业资源的繁殖季节,上游集中在2—4月,中下游集中在4—6月,繁殖季节鱼类有相对集中的特点,保护一条亲鱼产卵,同时保护了幼体的生长,将会大大增加资源的补充群体数量。科研机构预测,如果禁渔期实施到位,将能保护2235万尾四大家鱼产卵亲体,增加幼鱼发生量12243亿尾,对长江渔业资源的休养生息和一定程度的恢复有着积极的作用。

近年来,长江流域经济社会快速发展,水域生态环境发生了剧烈变化,水生生物资源持续衰退,资源环境专家、渔业管理部门、渔民和社会各界要求进一步延长禁渔期时间、完善禁渔期制度的呼声日益强烈。为更好地养护水生生物资源,保护水域生态环境,推动渔业绿色发展,农业部根据长江流域禁渔期制度执行情况和存在的问题开展专题调研,认真听取专家学者、管理部门和渔民群众的意见建议,向社会公开征求禁渔期调整意见,形成了长江流域禁渔期制度调整方案。

2015年12月23日,农业部发布通告(农业部通告〔2015〕1号)公布调整长江流域禁渔期制度,主要内容包括:

1. 禁渔区

对禁渔区进行了调整,扩大了禁渔范围,覆盖了长江主要干支流和重要湖泊。禁渔区具体为:青海省曲麻莱县以下至长江河口(东经122°)的长江干流江段;岷江、沱江、赤水河、嘉陵江、乌江、汉江等重要通江河流在甘肃省、陕西省、云南省、贵州省、四川省、重庆市、湖北省境内的干流江段;大渡河在青海省和四川省境内的干流河段;鄱阳湖、洞庭湖;淮河干流河段。

2. 禁渔期

对禁渔时间进行了合理的调整和延长,统一了长江上中下游的禁渔时间,并从3个月延长到4个月,使禁渔期能涵盖长江流域大部分水生生物的主要产卵繁殖期。具体禁渔期为每年3月1日0时至6月30日24时。

3. 禁止类型

在规定的禁渔区和禁渔期内,禁止所有捕捞作业。因养殖生产或科研调查需要采捕长江天然渔业资源的,须经省级以上渔业行政主管部门按照农业部制定的专项捕捞管理规定批准。

各级渔业行政主管部门及其所属渔政渔港监督管理机构要在各级政府的领导下,联合相关部门在辖区水域内加大宣传力度,强化执法管理,确保禁渔期制度顺利实施。

凡违反者,由渔业行政主管部门及其所属的渔政监督管理机构根据《中华人民共和国渔业法》予以处罚。

调整后的禁渔期制度自 2016 年 1 月 1 日起实施。

二、珠江、闽江及海南省内陆水域禁渔期制度

珠江生物资源丰富，是我国南方水生生物资源基因库和全国重要淡水渔业生产基地。近年来，随着珠江流域经济社会的快速发展，珠江生物资源及其生存环境承受的压力不断加大，珠江生物资源持续衰退，生态环境不断恶化，珠江生物多样性和渔业可持续发展受到严重威胁。为养护珠江生物资源，保护生物多样性，促进珠江渔业可持续发展和生态文明建设，根据《中华人民共和国渔业法》的有关规定和《中国水生生物资源养护行动纲要》的要求，2010 年 11 月，农业部印发《关于实行珠江禁渔期制度的通知》（农渔发［2010］40 号），决定自 2011 年起在珠江水域实行禁渔期制度。

禁渔期制度的实施，在养护珠江流域水生生物资源，保护生物多样性，促进珠江流域经济的可持续发展和生态文明建设等方面发挥了重要作用。2017 年，为贯彻落实国家"五位一体、生态优先"的发展战略，更好地养护水生生物资源，保护水域生态环境，推动渔业绿色发展，根据《中华人民共和国渔业法》有关规定，农业部决定对现行珠江禁渔期制度进行调整完善，同时对闽江、海南省内陆水域禁渔管理做出相应规定。2017 年 2 月，农业部印发《关于发布珠江、闽江及海南省内陆水域禁渔期制度的通告》（农业部通告〔2017〕4 号），主要内容包括：

1. 禁渔区

禁渔区为云南省曲靖市沾益区珠江源以下至广东省珠江口（上川岛—北尖岛连线以北）的珠江干流、支流、通江湖泊、珠江三角洲河网及重要独立入海河流。珠江干流包括南盘江、红水河、黔江、浔江和西江；支流包括东江、北江及西江水系的北盘江、柳江、融江、郁江、左江、右江、邕江、濛江、桂江、漓江、北流河、罗定江和新兴江等；珠三角河网包括流溪河、潭江等；通江湖泊包括抚仙湖、星云湖、异龙湖、杞麓湖和阳宗海等；重要独立入海河流包括广东省、广西壮族自治区境内的韩江、北仑河、茅岭江、钦江、南流江、榕江、漠阳江、鉴江、九洲江的干流江（河）段。福建闽江及海南省南渡江、万泉河、昌化江的干流江（河）段。各省（区）可根据本地实际，将其他相关河流、湖泊纳入禁渔范围。

2. 禁渔期

禁渔期为每年 3 月 1 日 0 时至 6 月 30 日 24 时。各省（区）可根据本地实际，在执行统一禁渔规定的基础上，适当延长禁渔时间和扩大禁渔范围。

3. 禁止类型

除休闲渔业、娱乐性垂钓外，在规定的禁渔区和禁渔期内，禁止所有捕捞作业。因养殖生产或科研调查需要采捕天然渔业资源的，应当按照《中华人民共和国渔业法》的规定，经省级以上渔业行政主管部门批准。

各级渔业行政主管部门及其渔政渔港监督管理机构要在各级政府的领导下，联合相关部门在辖区水域内加强组织领导，广泛宣传动员，强化执法管理，保障渔民生活，确保禁渔期制度顺利实施。

凡违反者，由渔业行政主管部门及其渔政监督管理机构根据《中华人民共和国渔业法》予

以处罚。

珠江、闽江及海南省内陆水域禁渔期制度自2017年3月1日起实施。

三、黄河禁渔期制度

黄河是我国第二大河，发源于青藏高原的巴颜喀拉山北麓约占宗列盆地，流经青海、甘肃、四川、宁夏、内蒙古、山西、陕西、河南和山东9省(区)，注入渤海。20世纪50、60年代，黄河渔业资源丰富，但近年来，由于环境污染、黄河干流水资源的变动、不合理的垦殖开荒、引水灌溉、非法捕捞等原因，黄河渔业资源极度衰退。黄河水污染每年造成的经济损失约115亿元至156亿元，许多经济鱼类种群数量大幅度减少，捕捞产量、个体重量下降，各类水生野生动物的栖息环境和自然产卵场均遭到破坏，濒危程度不断加重，严重影响生态平衡和渔业经济的可持续发展，黄河鲤、兰州鲶(俗称黄河鲶)等主要经济鱼类濒临灭绝。

为养护黄河水生生物资源，保护生物多样性，促进黄河渔业可持续发展和生态文明建设，根据《中华人民共和国渔业法》有关规定和《中国水生生物资源养护行动纲要》要求，农业部决定自2018年起实行黄河禁渔期制度。主要内容包括：

1. 禁渔区

禁渔区为黄河干流，扎陵湖、鄂陵湖、东平湖等3个主要通江湖泊，白河、黑河、洮河、湟水、大黑河、窟野河、无定河、汾河、渭河、洛河、沁河、金堤河、大汶河等13条主要支流的干流河段。

2. 禁渔期

禁渔期为每年4月1日12时至6月30日12时。

3. 禁止作业类型

所有捕捞作业类型均禁止。

4. 其他要求

(1)各省(自治区)可根据本地实际，在上述禁渔规定基础上，适当扩大禁渔区范围，延长禁渔期时间。

(2)在上述禁渔区和禁渔期内，因科学研究和驯养繁殖等活动需采捕黄河天然渔业资源的，须经省级以上渔业主管部门批准。

黄河禁渔期制度自2018年4月1日起实施。

第三节　渔　具

渔具是直接用于捕捞和采收水域中经济动物的各种工具的总称。为提高捕捞效率而为渔具配置的仪器、仪表等辅助设备以及渔船和机械装备等不属于渔具的范畴。

一、渔具的分类

国际渔具标准采用的是1980年联合国粮农组织(FAO)制定的渔具统计分类国际标准

(ISSCFG)。

1985 年我国正式颁布并实施《渔具分类命名及代号》国家标准(GB/T 5147—85),并于 2003 年完成修订(GB/T 5147—2003)。

按我国国家标准,渔具可分为刺网、围网、拖网、地拉网、张网、敷网、抄网、掩罩、陷阱、钓具、耙刺和笼壶共 12 类,如表 3-1 所示。有的还包括利用声、光、电、气泡幕等装置在捕捞过程中起辅助作用的工具。

表 3-1　渔具分类的类、型、式名称及代号

序号	类		型		式	
	名称	代号	名称	代号	名称	代号
1	刺网	C	单片	dp	定置	20
			框格	kg	漂流	21
			三重	sch	包围	22
			双重	shch		
			无下纲	wxg	拖曳	23
			混合	hh		
2	围网	W	无囊	wn	单船	00
			有囊	yn	双船	01
					多船	02
3	拖网	T	单囊	dan	多船	02
			多囊	dun	单船	00
			桁杆	hg	双船	01
			框架	kj		
			有袖单囊	yda		
			有袖多囊	ydu		
			双联	shl		
			双体	sht		
4	地拉网	Di	单囊	dan		
			多囊	dun	抛撒	38
			桁杆	hg	穿冰	40
			无囊	wn		
			有翼单囊	yda	船布	44
			有翼多囊	ydu		

续表

序号	类		型		式	
	名称	代号	名称	代号	名称	代号
5	张网	Zh	单片 桁杆 框架 竖杆 张纲 有翼单囊	dp hg kj sg zg yda	单桩 双桩 双桩 单锚 双锚 并列 船张 樯张 多锚	03 04 05 06 07 25 26 27 08
6	敷网	F	撑架 箕状	cj jz	插杆 拦河 岸敷 船敷 定置延绳	12 41 42 43 46
7	抄网	Ch	兜状	dz	推移	32
8	掩罩	Y	掩网 罩架	yw zj	撑开 扣罩 罩夹 抛撒	31 33 34 38
9	陷阱	X	箔筌 插网 建网	bq cw jw	多锚 拦截 导陷	08 10 11
10	钓具	D	拟饵单钩 拟饵复钩 真饵复钩 真饵单钩 弹卡 无钩	nd nf zhf zhd dk wg	曳绳 垂钓 定置延绳 漂流延绳	24 30 46 47
11	耙刺	P	柄钩 叉刺 齿耙 滚钩 箭铦 锹铲	bg chc chp gg jx qch	拖曳 投射 钩刺 铲耙 定置延绳 漂流延绳	23 35 36 37 46 47
12	笼壶	L	倒须 洞穴	dax dox	散布 定置延绳 漂流延绳	45 46 47

1. 刺网类

刺网类网具是以网目刺挂或网衣缠络原理作业的网具。其按结构分为单片、双重、三重、框格、无下纲、混合等6个型;按作业方式分为定置、漂流、包围和拖曳等4个式。

2. 围网类

围网类网具是由网翼和取鱼部或网囊构成,用以包围集群对象的渔具。其按结构分为有囊、无囊等2个型;按作业船数分为单船、双船、多船等3个式。

3. 拖网类

拖网类网具是用渔船拖曳网具,迫使捕捞对象进入网内的渔具。其按结构分为单囊、多囊、双联、双体、有袖单囊、有袖多囊、桁杆、框架等8个型;按作业船数分为单船、双船和多船等3个式。

4. 地拉网类

地拉网类网具是在近岸水域或冰下放网,并在岸、滩或冰上曳行起网的渔具。其按结构分为有翼单囊、有翼多囊、单囊、多囊、无囊、桁杆等6个型;按作业方式分为船布、穿冰、抛撒等3个式。

5. 张网类

张网类网具是定置在水域中,利用水流迫使捕捞对象进入网囊的网具。其按结构分为张纲、框架、桁杆、竖杆、单片、有翼单囊等6个型;按作业方式分为单桩、双桩、多锚、单锚、双锚、船张、樯张、并列等8个式。

6. 敷网类

敷网类网具是预先敷设在水中,等待、诱集或驱赶捕捞对象进入网内,然后提出水面捞取渔获物的网具。其按结构分为箕状、撑架等2个型;按作业方式分为岸敷、船敷、拦河、插杆、定置延绳等5个式。

7. 抄网类

抄网类网具是由网囊(兜)、框架和手柄组成,以舀取方式作业的网具。其按结构分为兜状1个型;按作业方式分为推移1个式。

8. 掩罩类

掩罩类网具是由上而下扣罩捕捞对象的渔具。其按结构分为掩网、罩架等2个型;按作业方式分为抛撒、撑开、扣罩、罩夹等4个式。

9. 陷阱类

陷阱类网具是固定设置在水域中,使捕捞对象受拦截、诱导而陷入的渔具。其按结构分为插网、建网、箔筌等3个型;按作业方式分为拦截、导陷、多锚等3个式。

10. 钓具类

钓具类网具是用钓线结缚装饵料的钩、卡或直接缚饵引诱捕捞对象吞食的渔具。其按结构分为真饵单钩、真饵复钩、拟饵单钩、拟饵复钩、无钩、弹卡等6个型;按作业方式分为漂流延绳、定置延绳、曳绳、垂钓等4个式。

11. 耙刺类

耙刺类网具是耙刺捕捞对象的渔具。其按结构分为滚钩、柄钩、叉刺、箭铦、齿耙、锹铲等6个型;按作业方式分为漂流延绳、定置延绳、拖曳、投射、铲耙、钩刺等6个式。

12. 笼壶类

笼壶类网具是利用笼壶状器具,引诱捕捞对象进入而捕获的渔具。其按结构分为倒须、洞穴等2个型;按作业方式分为漂流延绳、定置延绳、散布等3个式。

二、渔具图

渔具图是渔具设计、装配、修补和技术交流中的基本文件。1986年,我国渔具标准化组织根据国际有关资料和我国的习惯,制定了《渔具制图标准》(GB 36636—86)并实施;1995年又根据试用情况进行了修订,颁布了中华人民共和国水产行业标准《渔具制图》(SC/T 4002—1995)。如表3-2所示为渔具图中使用的符号。

表3-2　渔具图常用符号

符号形式	用法说明	符号形式	用法说明
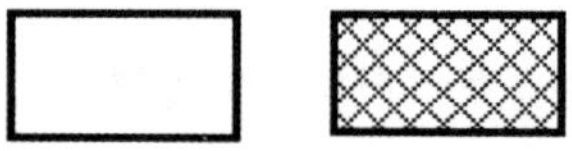	网衣		网具背部
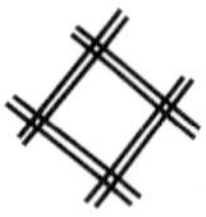	双线网目		网具腹部
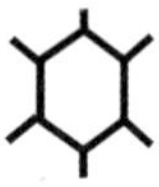	六边形网目		网具左侧部
	各种穿孔浮子	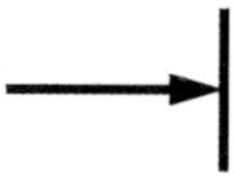	网具右侧部
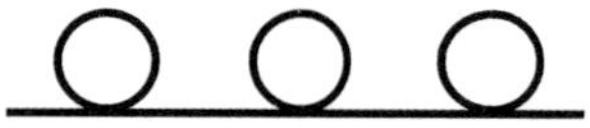	球形双耳浮子		钓钩
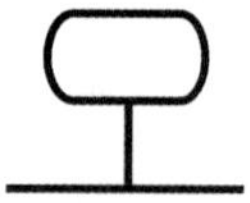	各种浮桶		复钩

续表

符号形式	用法说明	符号形式	用法说明
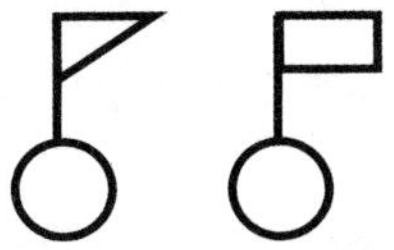	各种浮标		转环
	各种穿孔沉子		铁锚
	各种沉锤		木碇
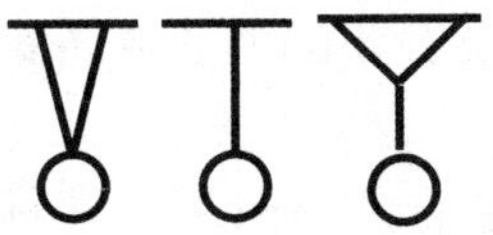	底环装配方式		纲索中断
	矩形网板		流向
	立式网板		风向
	椭圆形网板		近似值

三、准用渔具和最小网目尺寸

为加强捕捞渔具管理，巩固清理整治违规渔具专项行动成果，保护海洋渔业资源，根据《中华人民共和国渔业法》、《渤海生物资源养护规定》和《中国水生生物资源养护行动纲要》，农业部决定实施海洋捕捞准用渔具和过渡渔具最小网目尺寸制度。

自 2014 年 6 月 1 日起，黄渤海、东海、南海三个海区全面实施海洋捕捞准用渔具和过渡渔具最小网目尺寸制度。

制度主要内容有：

(1)根据现有科研基础和捕捞生产实际，海洋捕搜渔具最小网目尺寸制度分为准用渔具和过渡渔具两大类。准用渔具是国家允许使用的海洋捕捞渔具，过渡渔具则将根据保护海洋渔业资源的需要，今后分别转为准用或禁用渔具，并予以公告。

(2)主捕种类为颚针鱼、青鳞鱼、梅童鱼、凤尾鱼、多鳞鱚、少鳞鱚、银鱼、小公鱼等鱼种的刺网作业，由各省(自治区、直辖市)渔业行政主管部门根据此次确定的最小网目尺寸标准实行特许作业，限定具体作业时间、作业区域。拖网主捕种类为鳀鱼，张网主捕种类为毛虾和鳗苗，围网主捕种类为青鳞鱼、前鳞骨鲻、斑鰶、金色小沙丁鱼、小公鱼等特定鱼种的，由各省(自治区、直辖市)渔业行政主管部门根据捕捞生产实际，单独制定最小网目尺寸，严格限定具体作业时间和作业区域。上述特许规定均须在 2014 年 4 月 1 日前报农业部渔业局备案同意后执行。各地特许规定将在农业部网站上公开，方便渔民查询、监督。

(3)各省(自治区、直辖市)渔业行政主管部门，可在通告规定的最小网目尺寸标准基础上，根据本地区渔业资源状况和生产实际，制定更加严格的海洋捕捞渔具最小网目尺寸标准，并报农业部渔业局备案。具体测量办法如下：

根据 GB/T 6964—2010 规定，网目尺寸采用扁平楔形网目内径测量仪进行测量。网目长度测量时，网目应沿有结网的纵向或无结网的长轴方向充分拉直，每次逐目测量相邻 5 目的网目内径，取其最小值为该网片的网目内径。三重刺网在测量时，要测量最里层网的最小网目尺寸；双重刺网要测量两层网中网眼更小的网的最小网目尺寸。各省(自治区、直辖市)渔业行政主管部门可结合本地实际，在上述规定基础上制定出简便易行的测量办法。

测量相关要求如下：

(1)2014 年 6 月 1 日之前，小于最小网目尺寸的捕捞渔具所有者、使用者须按上述标准尽快调整和更换，执法机构仍按国家已有网目尺寸规定进行执法。

(2)自 2014 年 6 月 1 日起，禁止使用小于最小网目尺寸的渔具进行捕捞。沿海各级渔业执法机构要根据通告，对海上、滩涂、港口渔船携带、使用渔具的网目情况进行执法检查。对使用小于最小网目尺寸的渔具进行捕捞的，依据《中华人民共和国渔业法》第三十八条予以处罚，并全部或部分扣除当年的渔业油价补助资金。对携带小于最小网目尺寸渔具的捕捞渔船，按使用小于最小网目尺寸渔具处理、处罚。

(3)严禁在拖网等具有网囊的渔具内加装衬网，一经发现，按违反最小网目尺寸规定处理、处罚。

具体内容见表 3-3、表 3-4 及表 3-5。

表 3-3　禁用渔具目录

序号	分类	渔具分类名称	俗名或地方名		
			黄渤海区	东海区	南海区
JY-01	拖网	双船单片多囊拖网	无	百袋网	无
JY-02	耙刺	拖曳泵吸耙刺	吸蛤泵、吸蛤耙、蓝蛤泵	蓝蛤泵	无
JY-03	耙刺	拖曳柄钩耙刺	无	无	鱼乃挖、白蚬耙
JY-04	耙刺	拖曳水冲齿耙耙刺	泵耙子、泵耙网	水冲式耙子	无
JY-05	陷阱	拦截插网陷阱	地撩网、撩网，梁网、亮子网、簗网	吊垅、迷魂网、滩涂串网、夹涂、樯网、高仓网、大浦网、小围网、(?)网	督罟、起落网、百袋网、网薄、闸薄、闩门、塞网、蜈蚣网
JY-06	陷阱	导陷插网陷阱	须笼网、须子网、须网	无	滩边罟、塞网、百袋网
JY-07	陷阱	导陷箔筌陷阱	无	无	虾箔、渔箔
JY-08	陷阱	拦截箔筌陷阱	无	无	围海
JY-09	杂渔具	漂流延绳束状敷网	无	无	石斑苗网
JY-10	杂渔具	船布有翼单囊地拉网	无	无	长网、拉大网、涠洲大网
JY-11	杂渔具	船布无囊地拉网	大拉网、拉大网、地拉网	无	大拉网、拉大网、地拉网、地拖网、大地网
JY-12	杂渔具	抛撒无囊地拉网	无	无	牵沟网
JY-13	耙刺	拖曳束网耙刺	无	珊瑚网	无

表 3-4　海洋捕捞准用渔具最小网目(或网囊)尺寸相关标准

海域	渔具分类名称		主捕种类	最小网目(或网囊)尺寸(毫米)	备注
	渔具类别	渔具名称			
黄渤海	刺网类	定置单片刺网、漂流单片刺网	梭子蟹、银鲳、海蜇	110	
			鳓鱼、马鲛、鳕鱼	90	
			对虾、鱿鱼、虾蛄、小黄鱼、梭鱼、斑鰶	50	
			颚针鱼	45	该类刺网由地方特许作业
			青鳞鱼	35	
			梅童鱼	30	
		漂流无下纲刺网	鳓鱼、马鲛、鳕鱼	90	
	围网类	单船无囊围网、双船无囊围网	不限	35	主捕青鳞鱼、前鳞骨鲻、斑鰶、金色小沙丁鱼、小公鱼的围网由地方特许作业
	杂渔具	船敷箕状敷网	不限	35	
东海	刺网类	定置单片刺网、漂流单片刺网	梭子蟹、银鲳、海蜇	110	
			鳓鱼、马鲛、石斑鱼、鲨鱼、黄姑鱼	90	
			小黄鱼、鲻鱼、鳎类、鱿鱼、黄鲫、梅童鱼、龙头鱼	50	
	围网类	单船无囊围网、双船无囊围网 双船有囊围网	不限	35	主捕青鳞鱼、前鳞骨鲻、斑鰶、金色小沙丁鱼、小公鱼的围网由地方特许作业
	杂渔具	船敷箕状敷网、撑开掩网掩罩	不限	35	

续表

海域	渔具分类名称		主捕种类	最小网目（或网囊）尺寸（毫米）	备注
	渔具类别	渔具名称			
南海（含北部湾）	刺网类	定置单片刺网、漂流单片刺网	除凤尾鱼、多鳞鱚、少鳞鱚、银鱼、小公鱼以外的捕捞种类	50	
			凤尾鱼	30	该类刺网由地方特许作业
			多鳞鱚、少鳞鱚	25	
			银鱼、小公鱼	10	
		漂流无下纲刺网	除凤尾鱼、多鳞鱚、少鳞鱚、银鱼、小公鱼以外的捕捞种类	50	
	围网类	单船无囊围网、双船无囊围网 双船有囊围网	不限	35	主捕青鳞鱼、前鳞骨鲻、斑鰶、金色小沙丁鱼、小公鱼的围网由地方特许作业
	杂渔具	船敷箕状敷网、撑开掩网掩罩	不限	35	

表 3-5　海洋捕捞过渡渔具最小网目(或网囊)尺寸相关标准

海域	渔具分类名称		主捕种类	最小网目(或网囊)尺寸(毫米)	备注
	渔具类别	渔具名称			
黄渤海	拖网类	单船桁杆拖网、单船框架拖网	虾类	25	
	刺网类	漂流双重刺网	梭子蟹、银鲳、海蜇	110	
		定置三重刺网	鳓鱼、马鲛、鳕鱼	90	
		漂流三重刺网	对虾、鱿鱼、虾蛄、小黄鱼、梭鱼、斑鰶	50	
	张网类	双桩有翼单囊张网、双桩竖杆张网、樯张竖杆张网、多锚单片张网、单桩框架张网、多桩竖杆张网、双锚竖杆张网	不限	35	主捕毛虾、鳗苗的张网由地方特许作业
	陷阱类	导陷建网陷阱	不限	35	
	笼壶类	定置串联倒须笼	不限	25	
黄海	拖网类	单船有翼单囊拖网、双船有翼单囊拖网	除虾类以外的捕捞种类	54	主捕鳀鱼的拖网由地方特许作业

续表

海域	渔具分类名称		主捕种类	最小网目（或网囊）尺寸（毫米）	备注
	渔具类别	渔具名称			
东海	拖网类	单船有翼单囊拖网、双船有翼单囊拖网	除虾类以外的捕捞种类	54	主捕鳀鱼的拖网由地方特许作业
		单船桁杆拖网	虾类	25	
	刺网类	漂流双重刺网	梭子蟹、银鲳、海蜇	110	
		定置三重刺网	鳓鱼、马鲛、石斑鱼、鲨鱼、黄姑鱼	90	
		漂流三重刺网	小黄鱼、鲻鱼、鳎类、鱿鱼、黄鲫、梅童鱼、龙头鱼	50	
	围网类	单船有囊围网	不限	35	
	张网类	单锚张纲张网	不限	55	
		双锚有翼单囊张网	不限	50	
		双桩有翼单囊张网、双桩竖杆张网、樯张竖杆张网、多锚单片张网、单桩框架张网、双锚张纲张网、单桩桁杆张网、单锚框架张网、单锚桁杆张网、双桩张纲张网、船张框架张网、船张竖杆张网、多锚框架张网、多锚桁杆张网、多锚有翼单囊张网	不限	35	主捕毛虾、鳗苗的张网由地方特许作业
	陷阱类	导陷建网陷阱	不限	35	
	笼壶类	定置串联倒须笼	不限	25	

续表

海域	渔具分类名称		主捕种类	最小网目(或网囊)尺寸(毫米)	备注
	渔具类别	渔具名称			
南海(含北部湾)	拖网类	单船有翼单囊拖网、双船有翼单囊拖网、单船底层单片拖网、双船底层单片拖网	除虾类以外的捕捞种类	40	
		单船桁杆拖网、单船框架拖网	虾类	25	
	刺网类	漂流双重刺网 定置三重刺网 漂流三重刺网 定置双重刺网 漂流框格刺网	除凤尾鱼、多鳞鱚、少鳞鱚、银鱼、小公鱼以外的捕捞种类	50	
	围网类	单船有囊围网、手操无囊围网	不限	35	
	张网类	双桩有翼单囊张网、双桩竖杆张网、樯张竖杆张网、双锚张纲张网、单桩桁杆张网、多桩竖杆张网、双锚竖杆张网、双锚单片张网、樯张张纲张网、樯张有翼单囊张网、双锚有翼单囊张网	不限	35	主捕毛虾、鳗苗的张网由地方特许作业
	陷阱类	导陷建网陷阱	不限	35	
	笼壶类	定置串联倒须笼	不限	25	

四、长江干流水域捕捞渔具的管理

除在黄渤海、东海、南海三个海区全面实施海洋捕捞准用渔具和过渡渔具最小网目尺寸制度外，农业部同时加强了对内陆水域捕捞渔具的管理。

“长江经济带建设要走生态优先、绿色发展之路，要把修复长江生态环境摆在压倒性位置，把生态环境保护摆上优先地位，要共抓大保护，不搞大开发。”2017 年，为进一步落实“长江大保护”的有关要求，加强内陆捕捞渔具管理，有效降低捕捞生产对渔业资源的不利影响，切实做好长江水生生物资源和生态环境保护工作，根据《中华人民共和国渔业法》、《中国水生生物资源养护行动纲要》和《长江渔业资源管理规定》等法律法规有关规定，农业部决定在长江干流实施捕捞准用渔具和过渡渔具最小网目尺寸制度，并于 2017 年 1 月 20 日发布《农业部关于长江干流实施捕捞准用渔具和过渡渔具最小网目尺寸制度的通告(试行)》和《农业部关于长江干流禁止使用单船拖网等十四种渔具的通告(试行)》。其具体内容如下：

(一)实行时间和范围

自 2017 年 7 月 1 日起，青海省曲麻莱县以下至长江河口(东经 122°)的长江干流江段全面实施捕捞准用渔具(表 3-6)和过渡渔具最小网目尺寸标准制度(表 3-7)，同时在该江段全面禁止使用单船拖网等十四种渔具(表 3-8)。

表 3-6　长江干流准用渔具最小网目(或网囊)尺寸标准

序号	渔具类别	渔具名称		最小网目(或网囊)尺寸(毫米)	备注
1	刺网类	定置刺网、包围刺网		60	
		拖曳刺网		100	
2	围网类	单船围网、双船围网、多船围网		30	
3	钓具类	曳绳钓、垂钓钓、定置延绳钓、漂流延绳钓			
4	耙刺类	投射耙刺、钩刺耙刺			
5	杂渔具	掩罩	撑开掩罩、扣罩掩罩、罩夹掩罩、抛撒掩罩	30	
		地拉网	抛撒地拉网、穿冰地拉网、船布地拉网	30	
		抄网	推移抄网	20	

表 3-7　长江干流过渡渔具最小网目(或网囊)尺寸标准

<table>
<tr><th>序号</th><th>渔具类别</th><th colspan="2">渔具名称</th><th>最小网目(或网囊)尺寸(毫米)</th><th>备注</th></tr>
<tr><td>1</td><td>刺网类</td><td colspan="2">漂流刺网</td><td>60</td><td></td></tr>
<tr><td rowspan="2">2</td><td rowspan="2">张网类</td><td colspan="2">除多桩有翼单囊张网和双锚框架张网外</td><td>50</td><td></td></tr>
<tr><td colspan="2">除多桩有翼单囊张网和双锚框架张网外</td><td>3</td><td>主捕种类为银鱼和鳗苗,仅在特定捕捞作业水域和时间内使用</td></tr>
<tr><td>3</td><td>耙刺类</td><td colspan="2">除投射耙刺、钩刺耙刺、拖曳齿耙耙刺、定置延绳滚钩耙刺外</td><td></td><td></td></tr>
<tr><td>4</td><td>陷阱类</td><td colspan="2">拦截建网陷阱、多锚建网陷阱、导陷建网陷阱、多锚插网陷阱、多锚箔筌陷阱</td><td>40</td><td></td></tr>
<tr><td>5</td><td>笼壶类</td><td colspan="2">散布笼壶、定置延绳笼壶、漂流延绳笼壶</td><td>30</td><td></td></tr>
<tr><td>6</td><td>杂渔具</td><td>敷网</td><td>除拦河撑架敷网、岸敷箕状敷网、岸敷撑架敷网外</td><td>30</td><td>主捕银鱼的定置撑架敷网最小网目尺寸为20,仅在特定捕捞作业水域和时间内使用</td></tr>
</table>

表 3-8　长江干流禁用渔具目录

序号	渔具类别	渔具名称	俗名或地方名										
			青海	西藏	云南	四川	重庆	湖南	湖北	江西	安徽	江苏	上海
1	拖网	单船拖网											
2	拖网	双船拖网											
3	拖网	多船拖网											
4	张网	多桩有翼单囊张网						桩张网	桩张网				深水张网
5	张网	双锚框架张网											
6	敷网	拦河撑架敷网							拦河大濠		拦河罾、鱼捂子		
7	敷网	岸敷箕状敷网				罾网	板罾		板罾				
8	敷网	岸敷撑架敷网					抬网		抬网				
9	陷阱	拦截插网陷阱						矮围、泥围、围子捕捞	插网、矮围、泥围				
10	陷阱	拦截箔筌陷阱											

续表

序号	渔具类别	渔具名称	俗名或地方名										
			青海	西藏	云南	四川	重庆	湖南	湖北	江西	安徽	江苏	上海
11	陷阱	导陷插网陷阱						迷魂阵、密阵、稀阵、软簖	迷魂阵		网箔、迷魂阵		
12	陷阱	导陷箔筌陷阱						迷魂阵、密阵、稀阵、软簖	迷魂阵		网箔、迷魂阵		
13	耙刺	拖曳齿耙耙刺						机动船拖齿耙		吸螺机、吊杆捕螺机			机吸蚬子
14	耙刺	定置延绳滚钩耙刺				滚钩		滚钩					

（二）渔具类别、标准调整和禁用渔具目录

1. 渔具类别

长江干流最小网目尺寸制度分为准用渔具和过渡渔具两个类别。准用渔具类别是国家允许在长江干流水域使用的捕捞渔具。过渡渔具类别是国家现阶段允许使用的捕捞渔具，在经过一定时期的实践检验后，根据渔业资源和生态环境保护的需要，今后再分别转为准用渔具或禁用渔具。

2. 标准调整

各省（自治区、直辖市）渔业行政主管部门，可在长江干流水域准用渔具和过渡渔具规定的最小网目尺寸标准基础上，根据本地区渔业资源保护和捕捞生产实际，制定更严格的本省（自治区、直辖市）捕捞渔具最小网目尺寸标准，对于重点保护的渔业资源品种及其可捕捞标准，以及其他保护渔业资源的措施，可由各省（自治区、直辖市）研究规定，并报农业部长江流域渔政监督管理办公室备案。

3. 禁用渔具目录

除继续执行国家现有规定外，长江干流全面禁止使用单船拖网、双船拖网、多船拖网、多桩有翼单囊张网、双锚框架张网、拦河撑架敷网、岸敷箕状敷网、岸敷撑架敷网、拦截插网陷阱、拦截箔筌陷阱、导陷插网陷阱、导陷箔筌陷阱、拖曳齿耙耙刺、定置延绳滚钩耙刺等十四种渔具；各省（自治区、直辖市）渔业行政主管部门，可在该规定的基础上，根据本辖区渔业资源保护和捕捞生产实际，制定更严格的本辖区禁用渔具目录，并适当扩展适用水域。

（三）最小网目测量方法

根据 GB/T 6964—2010 规定，采用扁平楔形网目内径测量仪对网目进行测量。测量网目长度时，网目应沿有结网的纵向或无结网的长轴方向充分拉直，每次逐目测量相邻 5 目的网目内径，取其最小值为该网片的网目内径。三重刺网测量最里层网的最小网目尺寸；双重刺网测量两层网中网眼更小的网的最小网目尺寸。各省（自治区、直辖市）渔业行政主管部门可采用

科学简便的测量办法。

(四)有关要求

(1)长江干流水域准用渔具与过渡渔具的所有者、使用者须在2017年6月30日前将小于最小网目尺寸的捕捞渔具及时调整与更换。自2017年7月1日起,全面禁止使用小于最小网目尺寸的渔具进行捕捞。

(2)长江干流各级渔业行政主管部门及其所属渔政渔港监督管理机构要对辖区水域内渔船携带和使用渔具的网目情况进行专项执法检查。对使用小于最小网目尺寸的渔具进行渔业捕捞的,依据《中华人民共和国渔业法》第三十八条予以处罚,并对使用小于最小网目尺寸渔具的渔船,视情全部或者部分扣除当年的渔业油价补助资金。对携带小于最小网目尺寸渔具的捕捞渔船,按使用小于最小网目尺寸渔具予以处罚。

(3)严禁在拖网等具有网囊的渔具内加装衬网,一经发现,按违反最小网目尺寸规定予以处罚。

(4)长江干流禁用渔具的所有者、使用者须在2017年6月30日之前自行对禁用渔具进行清理、更换和销毁。自2017年7月1日起,全面禁止制造、销售和使用单船拖网等十四种禁用渔具。

(5)长江干流各级渔业行政主管部门及其所属的渔政监督管理机构要对辖区水域内渔船携带和使用禁用渔具的情况进行专项执法检查。对制造、销售和使用禁用渔具的相关人员,依据《中华人民共和国渔业法》第三十八条予以处罚,并对使用禁用渔具的渔船,视情全部或者部分扣除当年的渔业油价补助资金。对携带禁用渔具的捕捞渔船,按使用禁用渔具予以处罚。

第四节　资源保护区管理

渔业资源保护是在渔业生产中对鱼类及其生存的水域实行有计划的生产管理,使得渔业生产在政府渔业资源管理部门的管理下,鱼类的群体数量不断得到补充、更新,鱼类与生态建立新的平衡。随着生产力的发展,人们对鱼产品需求量的增加,工业污水的肆意排放等诸多因素的影响,我国海洋、江、湖渔业资源急剧恶化,许多经济鱼类资源处于岌岌可危的境地。

一、渔业资源保护区概念

渔业资源保护区是国家渔业主管部门依法通过发布禁渔区、休渔区、禁渔期和休渔期规定,在鱼类或其他水生经济动植物繁殖及幼体生长的水域,划出一定的保护区域,禁止捕捞或禁止使用某些工具和某些方式捕捞,以保护渔业资源及其水生生态环境,满足人们的可持续利用。它是为维护渔业资源的再生产能力和取得最适持续渔获量而采取的措施和方法。维持再生产能力是指维持经济水生生物基本的生态过程、生命保障系统和遗传的多样性,其目的是保证人类对生态系统和生物物种最大限度地持续利用,使天然水域能为人类长久地提供大量的经济水产品。

2007年12月12日,农业部公布了第一批国家级水产种质资源保护区名单。截至2017年

10月31日，农业部已公布了十一批国家级水产种质资源保护区名单，总共535处，表3-9、3-10、3-11所示为第一、二、三批国家级水产种质资源保护区的名单。

表3-9　第一批国家级水产种质资源保护区名单

编号	保护区名称	所在地区	批次
1501	黄河鄂尔多斯段黄河鲶国家级水产种质资源保护区	内蒙古自治区	1
1502	额尔古纳河根河段哲罗鱼国家级水产种质资源保护区		
2201	密江河大麻哈鱼国家级水产种质资源保护区	吉林省	1
2202	鸭绿江集安段石川氏哲罗鱼国家级水产种质资源保护区		
2203	嫩江大安段乌苏里拟鲿国家级水产种质资源保护区		
2301	黑龙江萝北段乌苏里白鲑国家级水产种质资源保护区	黑龙江省	1
2302	盘古河细鳞鱼江鳕国家级水产种质资源保护区		
3201	海州湾中国对虾国家级水产种质资源保护区	江苏省	1
3202	太湖银鱼翘嘴红鲌秀丽白虾国家级水产种质资源保护区		
3203	洪泽湖青虾河蚬国家级水产种质资源保护区		
3204	阳澄湖中华绒螯蟹国家级水产种质资源保护区		
3205	长江靖江段中华绒螯蟹鳜鱼国家级水产种质资源保护区		
3206	蒋家沙竹根沙泥螺文蛤国家级水产种质资源保护区		
3501	官井洋大黄鱼国家级水产种质资源保护区	福建省	1
3601	鄱阳湖鳜鱼翘嘴红鲌国家级水产种质资源保护区	江西省	1
3701	崆峒列岛刺参国家级水产种质资源保护区	山东省	1
3702	南四湖乌鳢青虾国家级水产种质资源保护区		
3703	长岛皱纹盘鲍光棘球海胆国家级水产种质资源保护区		
3704	海州湾大竹蛏国家级水产种质资源保护区		
3705	莱州湾单环刺螠近江牡蛎国家级水产种质资源保护区		
3706	靖海湾松江鲈鱼国家级水产种质资源保护区		
4101	黄河郑州段黄河鲤国家级水产种质资源保护区	河南省	1
4102	淇河鲫鱼国家级水产种质资源保护区		
4201	梁子湖武昌鱼国家级水产种质资源保护区	湖北省	1
4202	西凉湖鳜鱼黄颡鱼国家级水产种质资源保护区		
4301	东洞庭湖鲤鲫黄颡国家级水产种质资源保护区	湖南省	1
4302	南洞庭湖银鱼三角帆蚌国家级水产种质资源保护区		
4303	湘江湘潭段野鲤国家级水产种质资源保护区		

续表

编号	保护区名称	所在地区	批次
4401	西江广东鲂国家级水产种质资源保护区	广东省	1
4402	上下川岛中国龙虾国家级水产种质资源保护区		
4403	石窟河斑鳠国家级水产种质资源保护区		
4404	流溪河光倒刺鲃国家级水产种质资源保护区		
5301	弥苴河大理裂腹鱼国家级水产种质资源保护区	云南省	1
5302	南捧河四须鲃国家级水产种质资源保护区		
6201	黄河刘家峡兰州鲶国家级水产种质资源保护区	甘肃省	1
6301	青海湖裸鲤国家级水产种质资源保护区	青海省	1
6401	黄河卫宁段兰州鲶国家级水产种质资源保护区	宁夏回族自治区	1
6402	黄河青石段大鼻吻鮈国家级水产种质资源保护区		
0001	辽东湾渤海湾莱州湾国家级水产种质资源保护区	渤海	1
0002	黄河上游特有鱼类国家级水产种质资源保护区	四川、甘肃、青海	1

表 3-10　第二批国家级水产种质资源保护区名单

编号	保护区名称	所在地区	批次
1301	阜平中华鳖国家级水产种质资源保护区	河北省	2
1401	圣天湖鲶鱼河鲤国家级水产种质资源保护区	山西省	2
1503	呼伦湖红鳍鲌国家级水产种质资源保护区	内蒙古自治区	2
1504	达里诺尔湖雅罗鱼国家级水产种质资源保护区		
2101	双台子河口海蜇中华绒螯蟹国家级水产种质资源保护区	辽宁省	2
2204	鸭绿江云峰段斑鳜茴鱼国家级水产种质资源保护区	吉林省	2
2205	牡丹江上游黑斑狗鱼国家级水产种质资源保护区		
2206	珲春河大麻哈鱼国家级水产种质资源保护区		
2303	黑龙江嘉荫段黑斑狗鱼雅罗鱼国家级水产种质资源保护区	黑龙江省	2
2304	松花江乌苏里拟鲿细鳞斜颌鲴国家级水产种质资源保护区		
2305	黑龙江李家岛翘嘴鲌国家级水产种质资源保护区		
3207	长江大胜关长吻鮠铜鱼国家级水产种质资源保护区	江苏省	2
3208	固城湖中华绒螯蟹国家级水产种质资源保护区		
3209	高邮湖大银鱼湖鲚国家级水产种质资源保护区		
3210	长江扬州段四大家鱼国家级水产种质资源保护区		
3211	白马湖泥鳅沙塘鳢国家级水产种质资源保护区		

续表

编号	保护区名称	所在地区	批次
3301	乐清湾泥蚶国家级水产种质资源保护区	浙江省	2
3401	泊湖秀丽白虾青虾国家级水产种质资源保护区	安徽省	2
3402	长江安庆江段长吻鮠大口鲶鳜鱼国家级水产种质资源保护区		
3403	武昌湖中华鳖黄鳝国家级水产种质资源保护区		
3404	破罡湖黄颡鱼国家级水产种质资源保护区		
3405	焦港湖芡实国家级水产种质资源保护区		
3602	桃江刺鲃国家级水产种质资源保护区	江西省	2
3603	庐山西海鳡国家级水产种质资源保护区		
3604	太泊湖彭泽鲫国家级水产种质资源保护区		
3605	泸溪河大鳍鳠国家级水产种质资源保护区		
3606	抚河鳜鱼国家级水产种质资源保护区		
3707	泰山赤鳞鱼国家级水产种质资源保护区	山东省	2
3708	马颊河文蛤国家级水产种质资源保护区		
3709	蓬莱牙鲆黄盖鲽国家级水产种质资源保护区		
3710	黄河口半滑舌鳎国家级水产种质资源保护区		
3711	灵山岛皱纹盘鲍刺参国家级水产种质资源保护区		
4103	光山青虾国家级水产种质资源保护区	河南省	2
4104	宿鸭湖褶纹冠蚌国家级水产种质资源保护区		
4203	淤泥湖团头鲂国家级水产种质资源保护区	湖北省	2
4204	长湖鲌类国家级水产种质资源保护区		
4205	长江黄石段四大家鱼国家级水产种质资源保护区		
4206	汉江沙洋段长吻鮠瓦氏黄颡鱼国家级水产种质资源保护区		
4207	汉江钟祥段鳡鳤鯮鱼国家级水产种质资源保护区		
4304	南洞庭湖大口鲶青虾中华鳖国家级水产种质资源保护区	湖南省	2
4305	南洞庭湖草龟中华鳖国家级水产种质资源保护区		
4405	增江光倒刺鲃大刺鳅国家级水产种质资源保护区	广东省	2
4406	海陵湾近江牡蛎国家级水产种质资源保护区		
4407	西江赤眼鳟海南红鲌国家级水产种质资源保护区		
4501	漓江光倒刺鲃金线鲃国家级水产种质资源保护区	广西壮族自治区	2
4601	西沙东岛海域国家级水产种质资源保护区	海南省	2
5001	长江重庆段四大家鱼国家级水产种质资源保护区	重庆市	2

续表

编号	保护区名称	所在地区	批次
5101	大通江河岩原鲤国家级水产种质资源保护区	四川省	2
5102	鄱江黄颡鱼国家级水产种质资源保护区		
5103	渠江黄颡鱼白甲鱼国家级水产种质资源保护区		
5104	嘉陵江岩原鲤中华倒刺鲃国家级水产种质资源保护区		
5303	元江鲤国家级水产种质资源保护区	云南省	2
5304	槟榔江黄斑褶鮡拟鱼晏国家级水产种质资源保护区		
5305	澜沧江短须鱼芒中华刀鲶叉尾鲶国家级水产种质资源保护区		
6101	黑河多鳞铲颌鱼国家级水产种质资源保护区	陕西省	2
6102	黄河洽川段乌鳢国家级水产种质资源保护区		
6202	白水江重口裂腹鱼国家级水产种质资源保护区	甘肃省	2
6203	洮河扁咽齿鱼国家级水产种质资源保护区		
6204	大夏河裸裂尻鱼国家级水产种质资源保护区		
6302	扎陵湖鄂陵湖花斑裸鲤极边扁咽齿鱼国家级水产种质资源保护区	青海省	2
6303	玛柯河重口裂腹鱼国家级水产种质资源保护区		
0003	东海带鱼国家级水产种质资源保护区	东海	2
0004	北部湾二长棘鲷长毛对虾国家级水产种质资源保护区	南海	2

表 3-11　第三批国家级水产种质资源保护区名单

编号	保护区名称	所在地区	批次
1302	衡水湖国家级水产种质资源保护区	河北省	3
1303	白洋淀国家级水产种质资源保护区		
1304	秦皇岛海域国家级水产种质资源保护区		
1402	沁河特有鱼类国家级水产种质资源保护区	山西省	3
2207	松花江头道江特有鱼类国家级水产种质资源保护区	吉林省	3
2306	黑龙江呼玛湾特有鱼类国家级水产种质资源保护区	黑龙江省	3
2307	海浪河特有鱼类国家级水产种质资源保护区		
3212	骆马湖国家级水产种质资源保护区	江苏省	3
3213	滆湖国家级水产种质资源保护区		
3214	长荡湖国家级水产种质资源保护区		
3215	邵伯湖国家水产种质资源保护区		
3216	长漾湖国家级水产种质资源保护区		

续表

编号	保护区名称	所在地区	批次
3302	千岛湖国家级水产种质资源保护区	浙江省	3
3303	东西苕溪国家级水产种质资源保护区		
3406	徽水河特有鱼类国家级水产种质资源保护区	安徽省	3
3407	长江安庆段四大家鱼国家级水产种质资源保护区		
3408	阊江特有鱼类国家级水产种质资源保护区		
3409	城西湖国家级水产种质资源保护区		
3607	萍水河特有鱼类国家级水产种质资源保护区	江西省	3
3608	万年河特有鱼类国家级水产种质资源保护区		
3609	濊水特有鱼类国家级水产种质资源保护区		
3610	信江特有鱼类国家级水产种质资源保护区		
3712	靖子湾国家级水产种质资源保护区	山东省	3
3713	乳山湾国家级种质资源保护区		
3714	前三岛海域国家级水产种质资源保护区		
3715	小石岛刺参国家级水产种质资源保护区		
3716	桑沟湾国家级水产种质资源保护区		
4105	南湾湖国家级水产种质资源保护区	河南省	3
4106	丹江特有鱼类国家级水产种质资源保护区		
4208	太白湖国家级水产种质资源保护区	湖北省	3
4209	长江监利段四大家鱼国家级水产种质资源保护区		
4210	丹江鲌类国家级水产种质资源保护区		
4211	皤河特有鱼类国家级水产种质资源保护区		
4306	沅水特有鱼类国家级水产种质资源保护区	湖南省	3
4307	澧水源特有鱼类国家级水产种质资源保护区		
4408	西江肇庆段国家级水产种质资源保护区	广东省	3
4409	北江英德段国家级水产种质资源保护区		
4502	西江梧州段国家级水产种质资源保护区	广西壮族自治区	3
4602	万泉河国家级水产种质资源保护区	海南省	3
5002	嘉陵江合川段国家级水产种质资源保护区	重庆市	3
5105	梓江国家级水产种质资源保护区	四川省	3
5106	仪陇河特有鱼类国家级水产种质资源保护区		
5107	濛溪河特有鱼类国家级水产种质资源保护区		

续表

编号	保护区名称	所在地区	批次
5201	锦江河特有鱼类国家级水产种质资源保区	贵州省	3
5202	蒙江坝王河特有鱼类国家级水产种质资源保护区		
5306	滇池国家级水产种质资源保护区	云南省	3
5307	抚仙湖特有鱼类国家级水产种质资源保护区		
5308	白水江特有鱼类国家级水产种质资源保护区		
6103	嘉陵江源特有鱼类国家级水产种质资源保护区	陕西省	3
6104	辋川河特有鱼类国家级水产种质资源保护区		
6205	永宁河特有鱼类国家级水产种质资源保护区	甘肃省	3
6206	白龙江特有鱼类国家级水产种质资源保护区		
6207	洮河特有鱼类国家级水产种质资源保护区		
6304	黄河尖扎段特有鱼类国家级水产种质资源保护区	青海省	3
6501	喀纳斯湖特有鱼类国家级水产种质资源保护区	新疆维吾尔自治区	3
6502	叶尔羌河特有鱼类国家级水产种质资源保护区		
0005	吕泗渔场小黄鱼银鲳国家级水产种质资源保护区	东海	3

二、渔业资源保护区的管理措施

为了保护我国的渔业资源,《中华人民共和国渔业法》规定:

(1)在中国的海洋、江、湖、水库水域中,禁止使用爆炸物、有毒物(农药、麻醉物)、电力进行捕鱼,禁止制造危害渔业资源的捕捞工具,禁止传授禁止使用的捕捞方法。

(2)不得在禁渔区、禁渔期进行捕捞,不得使用禁用的渔具、捕捞方法和小于规定的网目尺寸的网具进行捕捞,捕捞生产时不得超过规定的幼鱼比例。

(3)在水生动物洄游通道建闸、筑坝,对渔业资源可能带来严重影响的,建设单位必须先征求渔业资源管理部门的意见,经确认对渔业资源有严重影响的应当建造过鱼设施,或者采取其他补救措施;未采取措施且对渔业资源造成严重影响的,建设单位应当赔偿渔业资源损失。

(4)禁止在通江河口、闸口敷设网具捕捞水生生物,以便保护水生动物的幼体和产卵洄游体,通江河闸的开启要兼顾鱼类的洄游和灌江纳苗。

(5)水爆、勘探、水下作业等对渔业资源有严重影响,作业单位应当事先同有关的县级以上人民政府渔业行政主管部门协商,采取措施防止或减少对渔业资源的损害。

渔业资源的管理措施大致有6项:

(1)规定禁渔区和禁渔期。根据渔获对象的各个生活阶段及产卵场、越冬场和幼鱼发育的具体情况,规定禁渔区或禁渔期或保护区,目的是保护亲鱼的正常繁殖和稚鱼、幼鱼的索饵生长,保护鱼类顺利越冬。

(2)规定禁用渔具和渔法。凡严重损害鱼卵、幼鱼或会引起渔获群体大量死亡的渔具渔法,都会破坏渔业资源,因此必须有计划、有步骤地禁止使用或淘汰。

(3)限制网目尺寸。渔具的网目过大过小都不利于渔业生产和渔业资源的保护。使用网目适当的渔具时,渔获物中成鱼的比例高、杂鱼少、渔获物损失也小,经济效益随之提高。因此,要根据各种鱼体形状和大小确定合适的网目尺寸。

(4)控制渔获物最小体长。其是控制被捕捞群体再生产能力的重要手段。规定捕捞长度的目的在于保护将达性成熟的个体,保障生殖群体有必要的补充量,保障被捕捞群体逐年提高和稳定产量。

(5)限制捕捞力量。其包括限制许可船数、吨位、马力、渔具数量和捕捞量等,常用渔场滞在天数、作业天数、拖网次数和时间等指标来衡量。

(6)限制渔获量。国际渔业条约往往以最大持续产量为标准规定允许渔获量,然后对有关国家进行配额。这种措施可直接控制捕捞死亡量,是资源管理的重要手段。

本章思考题

1. 农业部海洋伏季休渔的有关规定有哪些?
2. 按我国国家标准,渔具可分为哪几类?
3. 常用渔具图符号有哪些? 其含义是什么?
4. 我国的渔业资源管理措施有哪几项?

第四章　周边渔业协定

海洋渔业资源的共有性、洄游性及渔船作业的流动性等特点，使得国际社会对海洋渔业资源的利用高度关注。随着海洋捕捞能力的增强及1982年《联合国海洋法公约》的施行，以国际法为基础的海洋渔业管理制度逐步形成，在某些海域通过签定国际协定的方式进行的国际合作也越来越多。为了适应时代发展潮流，进一步融入国际社会，保障我国渔业经济的发展，我国政府签署或加入了一系列有关渔业领域的双边或多边渔业协定。

渔业协定有广义和狭义之分：广义上讲，是指有关国家或国际组织之间就渔业活动或渔业合作所签订的国际协定的总称；狭义上讲，是两个或两个以上的主权国家或渔业国际组织、捕鱼实体之间就具有共同利益的渔业水域、渔业资源签订的关于开发利用、养护和管理活动的国际协定。

地理上的邻近性、渔业资源的洄游性以及渔业资源的日益枯竭，加剧了我国同周边国家渔业资源竞争的激烈程度和渔业关系的紧张。目前，我国与日本、韩国、越南、俄罗斯均签订了渔业协定，对共同开发水域的渔业资源的开发与养护做了规定。此外，我国与美国、澳大利亚、毛里塔尼亚、巴布亚新几内亚、缅甸、智利、马绍尔群岛、几内亚、几内亚比绍、乌拉圭、也门、印度尼西亚等国家均签订过渔业合作性协定，就渔业捕捞、渔业贸易、水产品加工、水产养殖、人员培训以及海洋执法合作等方面做了协商和规定。

第一节　中日渔业协定

一、中日渔业协定签署背景

中国和日本之间首次渔业协议是始于1955年两国渔业协会缔结的民间渔业协议。之后，两国按照中日共同声明第九条，于1975年8月15日缔结了政府之间首部渔业协定——《中华人民共和国和日本国渔业协定》。《联合国海洋公约》于1994年11月生效后，中日两国政府也先后提交了《联合国海洋公约》批准书，成为该公约的缔约国，实施专属经济区制度。为此，中日两国政府从1995年起，根据《联合国海洋公约》的规定，就重新签订渔业协定进行了会谈。1997年11月，中日两国政府重签了渔业协定，该协定于2000年6月1日生效，有效期为5年。由于中日之间在东海海域的专属经济区界限尚未划定，现协定中的有关规定尚属过渡性质。

二、中日渔业协定的水域及管理

（一）协定水域

1. 范围

协定第一条规定：本协定的适用水域（以下称“协定水域”）为中华人民共和国的专属经济区和日本国的专属经济区。

协定涉及五种不同性质的水域，即：

（1）30°40′N 线以北（两国领海外）的东海、黄海海域；

（2）暂定措施水域；

（3）“暂定措施水域”东、西各侧外的中日两国的专属经济区；

（4）27°N 线以南的东海水域以及东海以南的 125°30′E 线以西的水域；

（5）日本海和北太平洋一侧的日本专属经济区水域。

2. 管理规定

（1）缔约各方根据互惠原则，按照本协定及本国有关法令，准许缔约另一方的国民及渔船在本国专属经济区从事渔业活动。

（2）缔约各方的授权机关，按照本协定附件一的规定，向缔约另一方的国民及渔船颁发有关入渔的许可证，并可就颁发许可证收取适当费用。

（3）缔约各方的国民及渔船在缔约另一方专属经济区按照本协定及缔约另一方的有关法令从事渔业活动。

（4）缔约各方考虑到本国专属经济区资源状况、本国捕捞能力、传统渔业活动、相互入渔状况及其他相关因素，每年决定在本国专属经济区的缔约另一方国民及渔船的可捕鱼种、渔获配额、作业区域及其他作业条件。该决定应尊重第十一条规定设置的中日渔业联合委员会的协商结果。

（5）缔约各方应采取必要措施，确保本国国民及渔船在缔约另一方专属经济区从事渔业活动时，遵守本协定的规定以及缔约另一方有关法令所规定的海洋生物资源的养护措施及其他条件。

（6）缔约各方应及时向缔约另一方通报本国有关法令所规定的海洋生物资源的养护措施及其他条件。

（7）缔约各方为确保缔约另一方的国民及渔船遵守本国有关法令所规定的海洋生物资源的养护措施及其他条件，可根据国际法在本国专属经济区采取必要措施。

（8）被逮捕或扣留的渔船及其船员，在提出适当的保证书或其他担保之后，应迅速获得释放。

（9）缔约各方的授权机关，在逮捕或扣留缔约另一方的渔船及其船员时，应通过适当途径，将所采取的行动及随后所施加的处罚，迅速通知缔约另一方。

(二)暂定水域

1. 范围

暂定措施水域是双方临时性的共同渔业水域。协定第十二条规定:“本协定各项规定不得认为有损缔约双方各自关于海洋法诸问题的立场。”

渔业协定第七条规定:

下列各点顺次用直线连接而围成的水域,称为“暂定措施水域”。

(1)30°40′N、124°10.1′E;

(2)30°N、123°56.4′E;

(3)39°N、123°25.5′E;

(4)28°N、122°47.9′E;

(5)27°N、121°57.4′E;

(6)27°N、125°58.3′E;

(7)28°N、127°15.1′E;

(8)29°N、128°0.9′E;

(9)30°N、128°32.2′E;

(10)30°40′N、128°26.1′E;

(11)30°40′N、124°10.1′E。

2. 管理办法

(1)缔约双方应根据第十一条规定设置的中日渔业联合委员会的决定,在暂定措施水域中,考虑到对缔约各方传统渔业活动的影响,为确保海洋生物资源的维持不受过度开发的危害,采取适当的养护措施及量的管理措施。

(2)缔约各方应对在暂定措施水域从事渔业活动的本国国民及渔船采取管理及其他必要措施。缔约各方在该水域中,不对从事渔业活动的缔约另一方国民及渔船采取管理和其他措施。缔约一方发现缔约另一方国民及渔船违反第十一条规定设置的中日渔业联合委员会决定的作业限制时,可就事实提醒该国民及渔船注意,并将事实及有关情况通报缔约另一方。缔约另一方应在尊重该方的通报并采取必要措施后将结果通报该方。

三、我国渔船进入日本专属经济区作业规定及违规处理

1. 在日本专属经济区内的作业规定及注意事项

经许可后获得作业许可证的我国渔船进入日本专属经济区水域作业时,应填写相关表格:

(1)填报《进水域或出水域的填报》;

(2)填报作业日记(即捕捞日志);

(3)填写渔获物每日报表;

(4)必须悬挂许可标志牌。

2. 在日本专属经济区内违规处理

(1)凡进入日本领海、毗连区、特定海域(如对马海峡),从事捕鱼、转载渔获物或其制品

的;未经许可进入专属经济区捕鱼的;违反其许可时的附加限制条件的;捕捞专属经济区外的定居种生物者,可处以 1 000 万日元以下的罚款。

(2)凡违反许可时的附加限制条件者,可处以 50 万日元以下的罚款。

(3)凡未随船携带许可证者,可处以 20 万日元以下的罚款。

(4)上述(1)和(2)项,可没收渔获物和其制品、船只或渔具,以及其他渔业所用的物品。如无法没收以上物品的全部或一部分,可追征其金额,必要时,还可对其法人代表或代理人、使用人处以刑罚。

(5)一审判决权属地方法院。

(6)凡违反该法和政令,被扣押船只、逮捕船长和船员时,向主管大臣提交担保金和保证书后,即可放人、放船和归还其他扣押物品。

第二节　中韩渔业协定

一、中韩渔业协定签署背景

1982 年 12 月 10 日,按照《联合国海洋法公约》的有关规定,中韩两国在相向海域尚未完成专属经济区划界前,有必要就渔业问题做出非正式划界的临时性安排。经双方协商,《中韩渔业协定》于 2000 年 8 月签署,于 2001 年 6 月 30 日起生效,有效期为 5 年。缔约任何一方在最初 5 年期满时或在其后,可提前 1 年以书面形式通知缔约另一方,随时终止本协定。协定由 16 条正文和 2 个附件组成。该协议还备有中方农业部部长和韩方海洋水产部部长签署的谅解备忘录。

二、中韩渔业协定的水域及管理

(一)协定水域

1. 范围

协定第一条规定:本协定的适用水域(以下称“协定水域”)为中华人民共和国的专属经济区和大韩民国的专属经济区。

协定涉及四种不同性质的水域,分别为:

(1)暂定措施水域:设定于 32°11′N 至 37°N 之间的黄海水域,由双方采取共同的养护和管理措施。对违反规定者,双方按各自的国内法处理本国渔船。

(2)过渡水域:设定于“暂定措施水域”两侧,在两国领海外各设一个,有效期为 4 年;双方应采取适当措施,逐步调整并减少在对方一侧过渡水域作业的本国国民及渔船的渔业活动。4 年期满后双方两侧的过渡水域按各自的专属经济区进行管理。

(3)“暂定措施水域”北界线(37°N)以北的黄海海域,以及“暂定措施水域”和“过渡水域”南界线以南的水域。

(4)双方“过渡水域”各侧的中、韩专属经济区水域,以及在日本海韩方一侧的专属经济区水域。

2. 管理规定

(1)缔约各方按照本协定和本国有关法律、法规的规定,准许缔约另一方的国民及渔船在本国专属经济区从事渔业活动。

(2)缔约各方授权机关根据本协定附件一及本国有关法律、法规的规定向缔约另一方国民及渔船发放入渔许可证。

(3)缔约各方每年决定缔约另一方国民及渔船在本国专属经济区的可捕鱼种、渔获配额、作业时间、作业区域及其他作业条件,并通报缔约另一方。

(4)缔约各方决定第一款所规定事项时,应考虑到本国专属经济区的海洋生物资源状况、本国捕捞能力、传统渔业活动、相互入渔状况及其他相关因素,并应尊重根据第十三条的规定设立的中韩渔业联合委员会的协商结果。

(5)缔约一方的国民及渔船进入缔约另一方专属经济区从事渔业活动,应遵守本协定及缔约另一方有关法律、法规的规定。

(6)缔约各方应采取必要措施,确保本国国民及渔船在缔约国另一方专属经济区从事渔业活动时,遵守缔约另一方有关法律、法规所规定的海洋生物资源的养护措施及其他条件和本协定的规定。

(7)缔约各方应及时向缔约另一方通报本国有关法律、法规所规定的海洋生物资源的养护措施及其他条件。

(8)缔约各方为确保缔约另一方的国民及渔船遵守本国有关法律、法规所规定的海洋生物资源的养护措施及其他条件,可根据国际法在本国专属经济区采取必要措施。

(9)被扣留或逮捕的渔船或船员,在提出适当的保证书或其他担保之后,应迅速获得释放。

(10)缔约一方在扣留或逮捕缔约另一方的渔船或船员时,应通过适当途径,将所采取的行动及随后所施加的处罚,迅速通知缔约另一方。

(二)暂定措施水域

1. 范围

下列各点顺次用直线连接而围成的水域,称为“暂定措施水域”。

(1)37°00′N,123°40′E(A1);

(2)36°22.4′N,123°10.8′E(A2);

(3)35°30′N,122°11.9′E(A3);

(4)35°30′N,122°01.9′E(A4);

(5)34°00′N,122°01.9′E(A5);

(6)34°00′N,122°11.9′E(A6);

(7)33°20′N,122°41′E(A7);

(8)32°20′N,123°45′E(A8);

(9)32°11′N,123°49.5′E(A9);

(10)32°11′N,125°25′E(A10);

(11)33°20′N,124°08′E(A11);
(12)34°00′N,124°0.5′E(A12);
(13)35°00′N,124°7.5′E(A13);
(14)35°30′N,124°30′E(A14);
(15)36°45′N,124°30′E(A15);
(16)37°00′N,124°20′E(A16);
(17)37°00′N,123°40′E(A17)。

2. 管理规定

(1)缔约双方为养护和合理利用海洋生物资源,应按照中韩渔业联合委员会的决定,在暂定措施水域采取共同的养护措施和量的管理措施。

(2)缔约各方在暂定措施水域对从事渔业活动的本国国民及渔船采取管理和其他必要措施,不对缔约另一方国民及渔船采取管理和其他措施。缔约一方发现缔约另一方国民及渔船违反中韩渔业联合委员会的决定时,可就事实提醒该国民及渔船注意,并将事实及有关情况通报缔约另一方。缔约另一方应尊重对方的通报,并在采取必要措施后,将结果通报对方。

(三)过渡水域

下列1.及2.各点顺次用直线连接而围成的水域,称为“过渡水域”。

1. 中方一侧过渡水域坐标

(1)35°30′N,121°55′E(C1);
(2)35°00′N,121°30′E(C2);
(3)34°00′N,121°30′E(C3);
(4)33°20′N,122°00′E(C4);
(5)31°50′N,123°00′E(C5);
(6)31°50′N,124°00′E(C6);
(7)32°20′N,123°45′E(C7);
(8)33°20′N,124°41′E(C8);
(9)34°00′N,122°11.9′E(C9);
(10)34°00′N,122°1.9′E(C10);
(11)35°30′N,122°1.9′E(C11);
(12)35°30′N,121°55′E(C12)。

2. 韩方一侧过渡水域坐标

(1)35°30′N,124°30′E(K1);
(2)35°00′N,124°7.5′E(K2);
(3)35°00′N,124°0.5′E(K3);
(4)33°20′N,124°08′E(K4);
(5)32°11′N,125°25′E(K5);
(6)32°11′N,126°45′E(K6);
(7)32°40′N,127°00′E(K7);

(8)32°24.5′N,126°17′E(K8);

(9)32°29′N,125°57.5′E(K9);

(10)33°20′N,125°28′E(K10);

(11)34°00′N,124°35′E(K11);

(12)34°25′N,124°33′E(K12);

(13)35°30′N,124°48′E(K13);

(14)35°30′N,124°30′E(K14)。

3. 管理规定

(1)为在过渡水域逐步实施专属经济区制度,缔约各方应采取适当措施,逐步调整并减少在缔约另一方一侧过渡水域作业的本国国民及渔船的渔业活动,以努力实现平衡。

(2)缔约双方在过渡水域应采取与第七条第二款和第三款相同的养护和管理措施,还可采取联合监督检查措施,包括联合乘船、勒令停船、登临检查等。

(3)缔约双方各自对在缔约另一方一侧过渡水域作业的本国渔船发放许可证,并相互交换渔船名册。

三、在相关水域进行作业的条件、规定及违规处理

(一)中韩暂定措施水域和过渡水域作业渔船条件及申请

1. 申请到中韩暂定措施水域和韩方一侧过渡水域作业的渔船应具备的基本条件

(1)持有有效的渔业捕捞许可证书、船舶检验证书、船舶登记证书(或船舶国籍证书)、电台执照及其他必备证书。

(2)适航航区在Ⅱ类以上,并处于适航状态,装备有全球定位系统(GPS)。

(3)按规定配齐船员,职务船员应持有有效的职务船员证书。

2. 到中韩暂定措施水域和韩方一侧过渡水域作业的申请流程

凡需在中韩暂定措施水域和韩方一侧过渡水域从事渔业活动的渔船,必须由船舶所有人向其船籍所在地的县级渔业行政主管部门提出申请,并填写中韩渔业协定暂定措施水域韩方一侧过渡水域渔船作业申请表。申请表由县级渔业主管部门审核,汇总后,逐级上报地(市)、省(直辖市)渔业行政主管部门审核,并报所在海区渔政渔港监督管理局审批。

3. 在中韩暂定措施水域和韩方一侧过渡水域从事渔业活动的渔船,应遵循的规定

(1)携带渔业捕捞证和专项(特许)捕捞许可证。

(2)按规定在船舶明显位置处进行特许作业标识。

(3)如实填写渔捞日志。

(4)遵守我国渔业法律、法规,遵守中韩双方在暂定措施水域和过渡水域内实施的各项渔业资源养护和管理规定。

(二)我国渔船到韩国专属经济区管理水域作业相关事项

1. 我国渔船到韩国专属经济区管理水域作业时,应遵循的规定

(1)携带韩方发给本船的渔船作业许可证。

(2)作业时应将渔船作业许可证置于渔船驾驶室的明显位置,同时按韩方规定在驾驶室两侧悬挂标志牌,填写韩方规定的渔捞日志,接受韩方检查人员的登临检查。

(3)准备进入韩国专属经济区管理水域从事渔业活动时,须提前24小时向所在县(市)主管部门通报如下资料:作业类型、许可证号、渔船名号、预定进入水域的时间、预定进入水域位置的经纬度和水域代号、通报时的时间和位置、通报时渔船上装载的主要鱼种和重量、船员数。由于作业中渔场变动等原因紧急进入专属经济区管理水域从事渔业活动时,可以提前15小时向县级主管部门通报上述材料。

(4)在韩国专属经济区管理水域从事渔业活动的渔船离开韩国管理水域时,须在离开韩国专属经济区管理水域后6小时内向所在县(市)主管部门报告如下材料:作业类型、许可证号、渔船名号、离开水域的时间、离开水域位置的经纬度和水域代号、报告时的时间和位置、报告时渔船上装载的主要鱼种和重量、船员数。

(5)一日内多次进、出韩国专属经济区管理水域时,只需分别通报1次进、出水域信息。

(6)在韩国管辖水域从事渔业活动的渔船,每日必须在当日下午14:00时之前向所在县(市)主管部门报告发下信息:作业类型、许可证号、船名号、作业起止时间、中午12:00时GPS上的经纬度(围网和鱿钓渔船报当日00时的经纬度)、前日正午12时至当日正午12时的渔获量在韩国管辖水域作业的年度总渔获量,其中拖网作业还要报“带鱼、小黄鱼、鲅鱼、鲳鱼类和其他”渔获量;流刺网作业还要报“鲅鱼、小黄鱼、其他黄鱼类、蟹类和其他”渔获量;鱿钓作业还要报“鱿鱼类和其他”渔获量。

(7)虚报或谎报捕捞作业情况视为严重的违规行为。

2. 我国渔船到韩国专属经济区管理水域作业时,应注意的事项

(1)禁止到韩国主张的领海内及韩国规定的禁止区域内作业,不得进入韩国宣布的特定禁止区域和特定海域。在禁止作业海域和禁止作业期间,航行中的渔船必须将渔具收藏和覆盖起来。

(2)在禁止作业海域或禁止作业期间,禁止渔获物或其制品的转载以及扒载。在许可作业海域许可作业期间,渔获物只能转载到许可的渔获物运输船,不得转载到其他渔船。

(3)应携带渔船国际证明文件、船员证书的身份证明书以及船员名册。有鱼舱的渔船应携带印有许可申请人认证印章并标有鱼舱容积和布置的图纸。

(4)韩国检查人员登临检查时,为确保检查人员的安全,船上如果有救生圈安全梯子、小艇或其他设备,检查人员需要使用时,渔船必须提供并协助检查人员和排除查出的违规事项。

(5)作业时以到场的先后顺序进行作业。作业渔船之间应保持足够的距离,遵守海上避碰规则,不得故意干扰或影响其他渔船的正常作业。

(6)作业渔船之间发生的纠纷,应协商解决。现场难以解决的,双方当事人应写出事故确认书,回国后通过有关程序解决。严禁在海上出现打架、破坏掠夺、扣押等不法行为。

3. 我国渔船未经许可进入韩国专属经济区管理水域作业,韩方的处理办法

(1)如果违反有关《专属经济区内外国人渔业管理法》及有关限制条件的,水产厅厅长可

取消其入渔资格。

(2)如有下列行为之一的,可处以1亿韩元以下的罚款:

①未经许可从事渔业活动者;

②外国人或外国船长在专属经济区内将渔获物或其制品转载给他船或从他船转载给本船;

③未按有关附加条件者;

④未按规定擅自将其渔获物或其制品在韩国港口直接卸货者处以3 000万韩元以下的罚款;

⑤未按标识许可事项或未持许可证者,处以200万韩元以下罚款。

违反上述规定除处以上各罚款之外,还可没收违反者所有或所持的渔获物和其制品、船舶或渔具以及其他渔业活动所使用的物品。当无法全部或部分没收其该物品时,可追征其价格。

第三节　中越北部湾渔业协定

北部湾是一个半闭海,面积约12.8万平方千米,宽度为110~180 n mile。根据《联合国海洋公约》,中越两国的专属经济区和大陆架全部重叠,必须通过划界加以解决。

一、中越北部湾渔业协定签署背景

地理上的邻近性、渔业资源洄游性以及渔业资源的日益枯竭,使我国和越南之间渔业资源的竞争激烈、渔业关系紧张。20世纪80年代,在北部湾海域发生了多起越南扣押和逮捕我国渔船的事件,这种状况一直延续到20世纪90年代。1993年,我国同越南开始进行划界磋商。2000年12月,两国签署《中越北部湾划界协定》和《中越北部湾渔业合作协定》。此后,两国又进行了多次谈判和磋商,2004年,中越就渔业合作协定的补充议定书达成一致后,《中越北部湾划界协定》和《中越北部湾渔业合作协定》于2004年6月30日同时生效、实施。根据《中越渔业协定》的规定,中越成立了北部湾渔业联合委员会负责对该协定的具体实施。该渔委会成立后制定了《北部湾共同渔区渔业资源养护和管理规定》。至此,《中越北部湾渔业合作协定》《渔业协定补充议定书》《北部湾共同渔区渔业资源养护和管理规定》三个文件构成一个整体,为中越北部湾渔业资源的养护和管理提供了一个完整的法律框架。

二、协定水域

《中越北部湾渔业合作协定》是两国海域划界后签订的,由22条正文和1个附件组成。协定水域为:

(1)适用于北部湾内的中越两国专属经济区的一部分和两国领海相邻水域的一部分。

(2)共同渔区在北部湾封口线以北、20°N、中越北部湾海域分界线算起,向各自专属经济区一侧30.5 n mile设立共同渔区。

(3)为避免双方小型渔船误入缔约另一方领海而引起纠纷,在两国领海相邻分界线第一界点起沿分界线向南延伸 10 n mile、距分界线各自 3 n mile 的范围内设立小型渔船缓冲区。

共同渔区的具体范围为下列各点顺次用直线连接而围成的水域：

(1)17°23.6′N,107°34.7′E;

(2)18°09.3′N,108°20.3′E;

(3)18°44.4′N,107°41.8′E;

(4)19°08.1′N,107°41.8′E;

(5)19°43.0′N,108°20.5′E;

(6)20°00.0′N,108°42.5′E;

(7)20°00.0′N,107°57.7′E;

(8)19°52.5′N,107°57.7′E;

(9)19°52.5′N,107°29.0′E;

(10)20°00.0′N,107°29.0′E;

(11)20°00.0′N,107°07.7′E;

(12)19°33.0′N,106°37.3′E;

(13)18°40.0′N,106°37.3′E;

(14)18°19.0′N,106°53.0′E;

(15)10°00.0′N,107°01.9′E;

(16)17°23.6′N,107°34.7′E。

北部湾渔业联合委员会对共同渔区进行管理，其管理办法为：

(1) 由中越渔业联合委员会根据可捕量确定每年各方的作业渔船数。

(2) 各方渔船应遵守双方规定的养护和管理措施，正确填写捕捞日志，按时上交各方授权机关。

(3) 各方应根据共同渔区的特点和其国内法制定有关规定，并对进入共同渔区内各自一侧水域的双方国民和渔船进行监督和检查；但监督和检查时，不得滥用职权，否则有权要求对方政府授权机关做出解释；必要时，可提交中越北部湾渔业联合委员会讨论和解决。

(4) 缔约一方授权机关发现另一方渔船在共同渔区的其该方一侧水域违反中越北部湾渔业联合委员会的规定时，有权对违规的另一方国民和渔船进行处理，并应通过联合委员会商定的途径，将有关情况和处理结果迅速通知对方。被扣留渔船和船员提出担保后，应迅速获得释放。

(5) 缔约各方在共同渔区的其该方作业规模框架内，可采取国际合作或联营方式。但该类渔船必须获得捕捞许可证，并遵守联合委员会的规定，悬挂其颁发捕捞许可证一方的国旗、标识，在共同渔区的其该方一侧水域从事渔业活动。

(各点经纬度：1:21°28′12.5″N,108°06′4.3″E; 2：21°25′40.7″N,108°02′46.1″E; 3:21°17′52.1″N,108°04′30.3″E; 4:21°18′29.0″N,108°07′39.0″E;5：21°19′5.7″N, 108°10′47.8″E; 6:21°25′41.7″N,108°09′20.0″E)

小型渔船缓冲区一般不进入作业。对缓冲区的具体管理办法为：

(1) 缔约一方如发现另一方小型渔船进入小型渔船缓冲区该方水域从事渔业活动，可以警告，采取措施令其离开该水域，但不应扣留、逮捕、处罚或使用武力。

(2) 如发生渔业争议，应报告中越北部湾渔业联合委员会予以解决；如发生渔业活动以外的争议,应由两国相关授权机关依照国内法予以解决。

《中越北部湾渔业合作协定》制定之初,还规定了过渡区,即在共同渔区 20°N 以北的本国专属经济区内,应对另一方的现有渔业活动做出协定生效日起 4 年的过渡性安排。如在图 4-1 中,婆湾渔场、青兰山渔场和夜莺鸟渔场的交汇处设有过渡区,4 年内,双方共同进入作业,4 年后归越南。目前,因已超过 4 年,上述渔场已划归越南,故在图中未标注,具体内容不再展开。

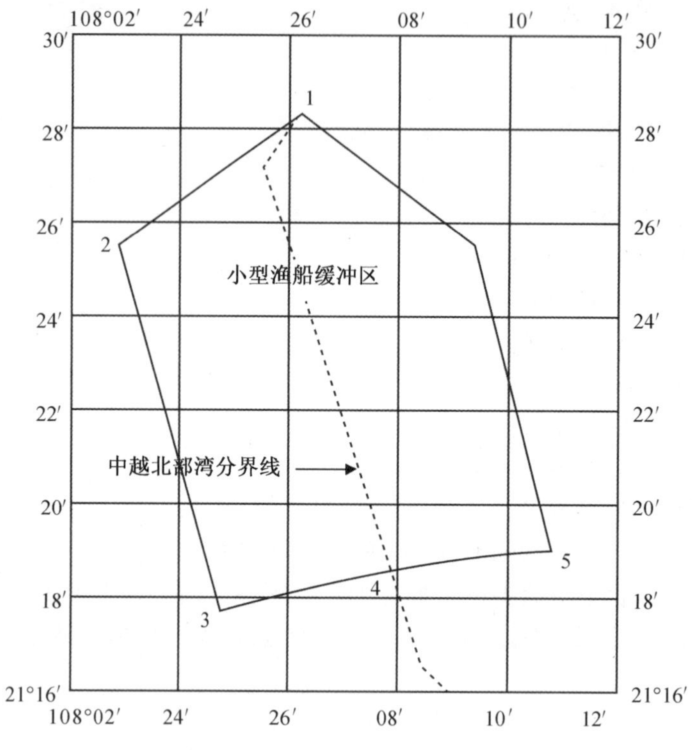

图 4-1　小型渔船缓冲区

第四节　其他渔业协定

除《中日渔业协定》《中韩渔业协定》《中越北部湾渔业协定》外,我国还与多国政府签署部分渔业合作协定。

一、中俄渔业合作协定

黑龙江和乌苏里江不仅是中俄界河,更是我国北方自然渔业的重要水域。在中俄渔业合作方面,双方政府一直给予高度重视。1988 年,中俄两国政府签订《中苏渔业合作协定》,规定在捕鱼管辖海域内组织捕捞生产,在共同渔场相互提供渔船和鱼产品运输方面的服务,发展水产养殖业,在修船及造船方面进行合作,研究海产品的加工技术等,双方还成立了渔业合作混合委员会。这里特产的鳇鱼、鲟鱼等珍贵鱼类作为白垩纪时期保存下来的古生物群之一,曾与恐龙在地球上共同生活过，其原始古朴的外形一亿多年来几乎没有改变，具有珍贵的科研价值。此后，随着环境污染与人为破坏，鲟鱼、鳇鱼每年都被大量地捕捞，成为濒危动物。为此，1994 年，中俄两国政府签订了《中俄关于黑龙江、乌苏里江边境水域合作开展渔业资源保护、调整和增殖的议定书》。议定书规定：建立鲟鱼、鳇鱼保护区，强制休渔，为鲟鱼、鳇鱼提供安全的生息繁衍场所。2006 年，《中俄联合声明》还指出："双方将扩大海产品深加工合作。"尽管如此，由于种种原因，目前中俄渔业合作尚未形成规模，仍未成为双方的主要合作领域。

二、中国与印度尼西亚的渔业合作协定

中国和印度尼西亚早在 1950 年 4 月建交，但曾在 1967 年 10 月中断外交关系，后于 1990 年 8 月重新恢复了外交关系。外交关系正常化后，相应地，两国先后签订了航空协定、投资保护协定、海运协定、避免双重征税协定等，同时也就矿业、农业、林业、渔业、旅游、交通和金融等方面的合作，分别签订了谅解备忘录。

《中华人民共和国农业部和印度尼西亚海洋事务与渔业部关于渔业合作的谅解备忘录》（简称《谅解备忘录》）于 2001 年 4 月签订。该谅解备忘录由 7 条正文组成，于双方签字之日起生效，有效期为 3 年。

三、中缅渔业合作协定

中国和缅甸早在 1950 年建交，在建交 50 周年时，即 2000—2001 年，中缅先后签订了科技合作协定、旅游协定、经济技术协定、边防合作协定、渔业合作协定、投资保护协定、动植物检验检疫协定等。《中华人民共和国政府和缅甸联邦政府渔业合作协定》于 2001 年 12 月 12 日在缅甸仰光签订，由 8 条正文组成。协定自签字之日起生效，有效期为 2 年。

本章思考题

1. 签订周边渔业协定有什么意义？
2. 目前，我国与哪些国家签订了渔业协定？
3. 申请到中韩暂定措施水域和韩方一侧过渡水域作业的渔船应具备哪些基本条件？
4. 到中韩暂定措施水域和韩方一侧过渡水域作业申请流程是什么？
5. 我国渔船到韩国专属经济区管理水域作业时，应注意哪些事项？

附录　渔船船舶管理考试大纲

相关说明：

①表中“一级”“二级”“三级”分别对应船舶长度“45 m 以上”“24 m 以上不足 45 m”“12 m 以上不足 24 m”的渔业船舶。

②表中“○”对应“了解”层次，“◎”对应“熟悉”层次，“●”对应“掌握”层次。

考核知识点	适用对象					
	一级船长	二级船长	三级船长	一级船副	二级船副	助理船副
一、渔业管理法律与法规						
1.《中华人民共和国渔业法》	●	●	●	◎	◎	○
2.《中华人民共和国海上交通安全法》	●	●	●	◎	◎	○
3.《中华人民共和国渔港水域交通安全管理条例》	●	●	●	◎	◎	○
4.《中华人民共和国渔业船舶检验条例》	●	●	●	◎	◎	○
5.《中华人民共和国防治船舶污染海洋环境管理条例》	●	●	●	◎	◎	○
6.《中华人民共和国水生野生动物保护实施条例》	●	●	●	◎	◎	○
7.《中华人民共和国渔业船员管理办法》	●	●	●	●	●	●
8.《中华人民共和国渔业船舶登记办法》	●	●	●	◎	◎	○
9.《中华人民共和国渔业捕捞许可管理规定》	●	●	●	◎	◎	○
10.《中华人民共和国船舶进出渔港签证办法》	●	●	●	●	●	○
11.《中华人民共和国渔业港航监督行政处罚规定》	●	●	●	◎	◎	◎
12.《中华人民共和国渔业船舶水上安全事故报告和调查处理规定》	●	●	●	◎	◎	◎
二、渔船安全生产						
1. 渔业安全生产操作	●	●	●	●	●	●
2. 渔业船员的职务职责	●	●	●	●	●	●
3. 渔船应急预案	●	●	●	●	●	●
4. 渔船应急演练	●	●	●	●	●	●

续表

考核知识点	适用对象					
	一级船长	二级船长	三级船长	一级船副	二级船副	助理船副
三、其他相关规定						
1. 休渔期制度	●	●	●	◎	◎	○
2. 渔具	●	●	●	◎	◎	○
3. 资源保护区管理	●	●	●	◎	◎	○
四、周边渔业协定	●	●	●	◎	◎	○

参考文献

[1]中国海事服务中心. 船舶管理[M]. 大连:大连海事大学出版社,北京:人民交通出版社,2012.

[2]卜仁祥. 船舶管理(二/三副用)[M]. 大连:大连海事大学出版社,2011.

[3]刘正江. 船舶安全管理[M]. 大连:大连海事大学出版社,2011.

[4]中华人民共和国渔业船舶检验局. 渔业船舶法定检验规则(远洋渔船 2015)[M]. 北京:人民交通出版社,2015.

[5]乳山市海洋与渔业局. 渔业船舶安全生产规范:山东,http://hyj. rushan. gov. cn/art/2016/5/6/art_36_152. html.

[6]潘澎,李卫东. 我国伏季休渔制度的现状与发展研究[J]. 中国水产,2016(10).